THÈSE

POUR

LE DOCTORAT

※

PARIS
GUSTAVE RETAUX, LIBRAIRE-ÉDITEUR
Rue Cujas, 15
1867

DE LA GARANTIE

EN CAS D'ÉVICTION DANS LA VENTE

THÈSE POUR LE DOCTORAT

Par Albert-Gaston CORBET

L'acte public sur les matières ci-après sera soutenu
le Jeudi 9 Janvier 1868, à 2 heures.

EN PRÉSENCE DE M. L'INSPECTEUR GÉNÉRAL CH. GIRAUD

PRÉSIDENT : M. BUFNOIR.

SUFFRAGANTS
{
MM. DEMANGEAT. . . . . }
COLMET DE SANTERRE . } Professeurs.
GÉRARDIN. . . . . . }
BEUDANT . . . . . . } Agrégés.
}

PARIS
GUSTAVE RETAUX, LIBRAIRE-ÉDITEUR
15, Rue Cujas, 15.
1867

DES CAS DE VÉRIFICATION DANS LA VENTE

THÈSE POUR LE DOCTORAT

Par Albert-Charles COLLIN

Thèse pour [...] sur les matières ci-après [...]
[...] sera soutenue le [...], à 2 heures [...]

EN PRÉSENCE DE L'ASSEMBLÉE [...] DE CHR[...]

©

Président : M. [...]

Suffragants	M. [...]	
	COLMET DE SANTERRE	Professeurs
	M. AUBRY	Agrégés
	M. [...]	

PARIS
G. PÉDONE-LAURIEL, ÉDITEUR
13, Rue Cujas, 13
[...]

DROIT ROMAIN

INTRODUCTION.

Le contrat de vente, *emptio venditio*, fait naître à la charge du vendeur plusieurs obligations : Paul les ramène à trois : *venditori sufficit ob evictionem se obligare, possessionem tradere, et purgari dolo malo* (1) : Le vendeur s'engage à livrer la libre possession de la chose, *vacuam possessionem*, et à faire en sorte que l'acheteur conserve cette libre possession : il faut de plus qu'il soit exempt de dol.

Ainsi les romains imposent au vendeur l'obligation de délivrer la chose vendue, *præstare emptori rem habere licere* (2), et non pas celle d'en transférer la propriété, *dare rem*.

Ce résultat, singulier au premier abord, s'explique

(1) Loi 1 pr. D de rerum permut.: 19, 4.
(2) Africain l. 30 § 1, de act.. 19 1.

néanmoins aisément, quand on tient compte du développement historique de la société romaine.

En effet, dans l'origine, on distinguait soigneusement la propriété garantie par la république, *dominium ex jure quiritium*, qui était munie de l'action réelle en revendication pour repousser les agressions du dehors, et le pouvoir connu sous le nom de *domaine Bonitaire*, la propriété du droit des gens, qui n'était qu'un pur fait, qu'une simple tolérance, qui enfin n'était sauvegardée par aucune action directe et efficace du genre de celle que nous venons d'indiquer.

Or, pour qu'il pût y avoir une véritable translation, pour qu'il y eût soumission d'une chose au pouvoir de l'homme avec le caractère de propriété romaine, il fallait la réunion des trois conditions suivantes : *capacité personnelle de l'individu*, capacité *de la chose*, *mode d'acquisition* conforme au *droit privé* des romains.

Au point de vue de la *capacité personnelle de l'individu*, il fallait jouir des droits civils, il fallait posséder le titre de citoyen avec ses attributs essentiels, le *jus connubii* et le *jus commercii*.

Il s'ensuit que les étrangers, *peregrini*, qui ne jouissaient pas du *commercium*, étaient incapables d'avoir une chose *ex jure quiritium*.

Il fallait en second lieu *la capacité de l'objet* ; les

fonds italiques seuls pouvaient servir de base à une appropriation privée, *ex jure quiritium*; les immeubles dans les provinces n'en étaient pas susceptibles ; le domaine souverain en était attribué au peuple romain ou à l'empereur. (Gaïus Com. 2, 27.)

La troisième condition exigée c'était la *transmission* en vertu d'un mode d'acquisition du *droit civil*. Si donc quelqu'un avait acquis une *res mancipi*, sans l'observation des formes prescrites, par exemple par simple tradition, il l'avait seulement *in bonis*, il n'acquérait sur elle qu'une simple possession de fait, susceptible sans doute de se transformer plus tard en propriété romaine au moyen de l'usucapion, mais imparfaite jusque-là, et soumise à bien des chances de perte et de dessaisissement : car l'ancien possesseur n'avait pas perdu, par cette transmission *naturelle*, le *jus quiritium* sur la chose même livrée. Il pouvait donc intenter la revendication pour la reprendre partout où elle se trouverait ; il pouvait de plus la céder ou la manciper à un autre.

On comprend aisément, par ce simple exposé, pourquoi les romains n'ont imposé au vendeur que l'obligation de délivrer la chose, au lieu de l'astreindre à une translation de propriété.

C'était le seul moyen de ne point exclure du commerce, les étrangers qui étaient tous incapables d'acquérir, et à plus forte raison, de transmettre *ex jure quiritium*, et de leur rendre accessible le contrat de vente, qui plus que tout autre participe du droit des gens.

Toutefois, il ne suffisait pas de faciliter ainsi l'intervention des *peregrini*, il fallait encore leur donner, au moment de la remise matérielle de la chose, les sûretés nécessaires, et ne pas les laisser désarmés en face des prétentions de toute nature qui pouvaient se dresser plus tard devant eux.

Cette raison d'impérieuse nécessité fut le point de départ d'une foule de moyens ingénieux, que les progrés de la civilisation firent successivement découvrir, et dont le résultat fut la transformation de la matérialité du droit primitif, de manière à le faire cadrer avec toutes les exigences du commerce et les besoins journaliers de la pratique.

L'acheteur, en effet, ne trouvait pas dans la *vacua possessio*, des garanties suffisantes d'avenir et de stabilité.

Sans doute, si le vendeur était propriétaire, l'acheteur le devenait aussi, et il pouvait, si d'ailleurs il se trouvait dans la situation prévue par la loi, réclamer l'accomplissement des actes de nature à l'investir, comme la mancipation, la cession *in jure*, ou même la simple tradition suivant les cas.

Mais si la chose n'appartenait pas au vendeur,

celui-ci en la livrant et en lui maintenant la possession, la possession libre et exclusive, remplissait
complètement son obligation, et ne pouvait être
exposé à aucun recours, alors même que l'avenir
aurait laissé entrevoir une cause inévitable de trouble
ou d'éviction.

En un mot, tout en ayant reçu la pleine possession
de la chose, l'acheteur restait néanmoins exposé à
en être privé plus tard par un tiers, se présentant
avec des droits légitimes et fondés.

Ces chances de dépossession pouvaient venir,
tantôt de celui même qui avait vendu, ou de ses
ayants-cause, ou d'un tiers.

Pour les éviter, l'acheteur prit l'habitude d'intro-
duire dans le contrat une *stipulatio pœnæ*, pour le
cas où il serait empêché par la suite, soit par une
cause spécialement déterminée, soit même pour une
cause quelconque, d'obtenir la possession de la chose.

Ces stipulations de garantie, qui n'étaient dues à
l'origine qu'en vertu d'une clause expresse, devin-
rent par la suite tellement fréquentes, que l'on finit
par les considérer comme une conséquence naturelle du contrat lui-même : aussi dans le droit nouveau, l'obligation du vendeur n'est plus bornée à la
simple délivrance de la chose ; il est encore tenu de
garantir à l'acheteur la continuation de la paisible

possession et jouissance, *ut rem emptori habere liceat.*

C'est ce qu'on appelle *la garantie* du chef *d'éviction.*

Le montant de la peine stipulée était laissé à la volonté des parties. On pouvait demander le triple ou le quadruple (1), on, au contraire, descendre au simple ou même au dessous.

Toutefois, on prenait habituellement le double du prix de vente : aussi les textes qui traitent de la stipulation sans l'éviction, la désignent-ils constamment sous le nom de *stipulatio duplæ,* ou simplement, *dupla.*

Cet usage général prenait sans doute son origine dans la loi des douze tables, aux termes de laquelle la peine du double était la sanction ordinaire de l'inexécution des engagements pris à l'occasion de la mancipation (2).

La *stipulatio duplæ* avait un double avantage : d'abord la solennité de ses formes assurait la preuve de la convention ; de plus, en déterminant d'avance le montant du recours de l'acheteur, elle faisait éviter les difficultés et les contestations, qui auraient pu naître lorsque, après l'éviction, il se serait agi de fixer le montant des dommages et intérêts.

(1) L 56 de evictione.
(2) Cic. de officiis liv. 3, chap. 16.

Dans ce cas, l'acheteur évincé poursuivait purement et simplement le payement de la peine invariablement fixée, au moyen de l'action résultant de
la stipulation — *actio ex stipulatu* — qui était une
condictio certi, par cela seul qu'elle avait pour
objet une somme d'argent déterminée.

La garantie résultant de la *stipulatio duplæ*,
n'était tout d'abord qu'une simple garantie de fait,
naissant de la volonté des parties, et maintenue dans
les strictes limites de la convention ; bientôt la doctrine s'en empara, pour en faire, en quelque sorte,
comme une seconde garantie de droit.

Cette transformation s'opéra à l'aide des principes
qui régissent les actions de bonne foi, et en particulier l'action *ex empto*. On sait que dans ces sortes
d'actions le juge a le pouvoir de suppléer tout ce que
comportent les usages et la coutume : *quæ sunt
moris et consuetudinis in bonæ fidei judiciis
debent venire* (1).

Il n'est point tenu de se renfermer dans les strictes
limites de la stipulation primitive (2).

On admet donc que si la *stipulatio duplæ* avait
été omise, l'acheteur pourrait intenter l'action
empti pour obtenir du vendeur la promesse exigée
par l'usage (3), à moins toutefois de convention
contraire.

(1) Loi 31, par. 20 de ædilit. edict.
(2) Loi 7 de negotiis gestis.
(3) Loi 31, par. 2°, D. de ædil. edic. liv. 21, tit. 1. — Loi 37, pr. et par. 1
de evict.

Bien plus, on finit par accorder à l'acheteur, même
en l'absence de toute stipulation, l'action du contrat,
à l'effet d'obtenir la condamnation au double (1), ou
tout au moins, un dédommagement égal à la valeur
du préjudice que lui aurait causé l'éviction.

Malgré cette extension donnée à l'action *empti*,
les deux actions n'en subsistèrent pas moins avec
leurs effets propres. La stipulation, en effet, n'était
usitée, et par conséquent sous-entendue, que dans les
ventes d'objets précieux : pour les choses de peu de
valeur, l'action *empti* était seule donnée.

Ainsi généralisée, la garantie qui nous occupe, a
joué un rôle considérable dans les actes de la vie
civile : pour le bien apprécier, nous croyons utile
de présenter les observations qui la concernent dans
l'ordre suivant :

1° Que faut-il entendre par éviction, quelle chose
doit avoir été évincée, et à quelles conditions l'exercice du recours en garantie est-il subordonné.

2° Quelle est la nature de la garantie, et quelles
sont les différentes modifications dont elle est susceptible.

3° Sous quelles formes ce recours peut-il se produire ? Contre qui peut-il être dirigé ?

4° Quels sont les effets du recours en garantie.

5° Dans quels cas l'obligation de garantie cesse-t-
elle d'être imposée au vendeur.

(1) Loi 2 de evict. — Pauli sentent. liv. 2, tit 17.

CHAPITRE I.

Que faut-il entendre par éviction, quelle chose doit avoir été évincée pour qu'il y ait lieu à garantie, et à quelles conditions l'exercice de ce recours est-il subordonné.

SECTION 1ʳᵉ.

Que faut-il entendre par éviction.

Considérée dans son sens étymologique, l'expression d'évincer, *evincere*, fait naître tout d'abord dans l'esprit, l'idée d'une victoire remportée, et d'une vainqueur dépouillant le vaincu de l'objet du débat.

L'éviction doit donc supposer, en droit, et elle suppose, en effet, un triomphe remporté par celui qui évince, c'est-à-dire, une sentence du magistrat prononcée en sa faveur à la suite d'une lutte en justice.

Toutefois on ne dit pas de toute personne judiciairement dépouillée, qu'elle a été évincée; ainsi la dépossession d'un voleur, *prædo*, ne constitue pas une éviction. Ce nom, en effet, ne s'applique qu'au dessaisissement d'un adversaire ayant un juste titre :

c'est là ce que Voët exprime très-clairement en défi-
nissant l'éviction : *Rei nostræ, quam adversarius
justo titulo adquisivit, per judicem facta recu-
peratio* (1).

Il ne suffit pas cependant, pour que ce mot s'applique dans toute son étendue, qu'il soit intervenu
un jugement condamnant à la restitution de la chose
la personne évincée ; il faut de plus que cette décision ait porté son fruit et que le vainqueur ait dépouillé son adversaire de l'objet du litige : c'est ce
qu'indique Cujas, lorsqu'il dit : *plus est evincere
quam vincere ; nec quod vicerit adversarius
emptor regressum habet ad venditorem, nisi
etiam pervicerit, id est evicerit* (2).

L'éviction d'une chose vendue, c'est donc la spo-
liation de l'acheteur, forcé de s'en dessaisir en vertu
d'une sentence, ou bien encore repoussé dans sa réclamation de la chose contre un tiers possesseur.

On peut même à un point de vue plus général,
comprendre sous cette dénomination tout obstacle
judiciaire qui empêche l'acheteur, de posséder l'objet
de son acquisition sans trouble. Or, précisément, le
vendeur s'est obligé à lui en procurer la paisible
possession ; il y a donc lieu à user du recours en garantie.

Toutefois, ce recours ne pouvait être accordé sans

(1) Voët ad Pandect., de evict n° 1.
(2) Cujas Paratitla in lib. 8 codicis 44 de evict.

restriction : c'est là ce que nous devons maintenant préciser, en indiquant d'abord quelle chose doit avoir été évincée, pour qu'il y ait lieu à garantie.

Section 2°.

Quelle chose doit avoir été évincée.

L'éviction peut porter ou sur la chose entière qui a fait l'objet de la vente, ou sur une partie de cette chose, ou bien encore sur ce qui en est resté après son extinction.

Elle peut s'appliquer aussi à une chose, qui n'est entrée que comme accessoire dans la vente, ou qui est provenue depuis la vente de l'objet principal.

Sur ce point, il faut signaler une différence notable entre l'action *ex empto*, et l'action *ex stipulatu duplæ* : la première, en effet, est accordée dans tous les cas, à l'acheteur contre son vendeur ; la seconde, au contraire, ne lui est ouverte que dans le cas d'éviction totale de la chose même qui constitue l'objet principal de la vente.

L'éviction se réalisait dans trois cas mentionnés par les textes :

1° Lorsque l'acheteur succombant sous le coup

d'une action réelle ou hypothécaire était obligé de rendre la chose ;

2° Lorsque l'acheteur n'avait pu conserver qu'en payant la *litis æstimatio* ;

3° Lorsque l'acheteur à qui tradition avait été faite, ayant perdu la possession, avait revendiqué contre le possesseur actuel, et avait succombé dans l'instance (1)

Peu importe, du reste, la valeur de la partie qui reste à l'acheteur : celui-ci ne pourrait pas être repoussé par le motif que cette valeur se trouverait être encore supérieure au prix qu'il a payé pour le tout (2).

Cependant l'éviction d'un objet particulier dans les ventes d'universalités, ne saurait constituer une éviction partielle : si, en effet, l'acheteur a été dépouillé par le juge, c'est précisément par ce motif que l'objet particulier n'était pas compris dans l'universalité.

Il ne suffit même pas, que la chose évincée dépende de la chose vendue, pour qu'elle puisse être considérée comme en faisant partie. Il faut de plus, qu'elle ne fasse qu'un corps avec elle. Ainsi, un objet particulier n'est pas une partie de l'hérédité (3) ;

(1) Loi 16 par. 1 de evict.
(2) Loi 47 de evict.
(3) Loi 1, C. de evict.

celle-ci existe en effet, indépendamment de lui, et même après qu'il a été évincé, elle subsiste encore. Il n'y a donc d'éviction partielle qu'autant qu'il y a eu fractionnement de l'unité vendue. Ce fractionnement a toujours lieu dès qu'on en détache quelque chose en ce qui concerne les corps *quæ uno spiritu continentur* (1), c'est-à-dire dont la composition est simple, comme du bois, du fer, dont en un mot chaque partie est homogène et conserve le nom du tout.

Il n'en est pas de même des corps qui sont composés de matières différentes, mais réunies par le travail de l'ouvrier, et adhérentes entre elles comme une maison ou un navire. Ainsi, une pierre ou une poutre ne constituent pas une partie d'une maison, pas plus qu'une planche n'est une partie du vaisseau (2). Ce sont seulement des matériaux qui entrent dans la composition de chacune des portions, dont le concours et la réunion forment l'ensemble. Ainsi, dans les exemples que nous venons de citer, il faudra considérer, au contraire, comme une partie véritable du tout, les murs ou le toit de la maison, le mât ou le gouvernail du vaisseau qui sont comme ses membres, *quasi membra sunt*, dit la loi 44 *de évict.*

De tout ceci, il résulte que, l'acheteur ne peut agir

(1) Loi 30 de usurp. et usucap.
(2) Loi 36 de evict.

ex stipulatu, qu'autant qu'il a été évincé d'une partie homogène et intégrante de la chose: tout ce qui n'en dépend que comme partie hétérogène, ne peut servir de base à l'exercice de cette action.

A plus forte raison l'acheteur ne pourrait-il pas l'intenter pour un simple *accessoire* de l'objet vendu, alors même qu'une convention expresse serait intervenue. On ne peut argumenter en sens contraire de cette règle générale d'après laquelle l'accessoire, nominativement compris dans la vente, est traité comme l'objet principal lui-même, dont il est considéré comme une partie (1); car il y a dérogation expresse à ce principe en matière d'éviction : *evicta re vendita, ex empto erit agendum de eo quod accessit..... ea quæ..... nominatim accesserunt, si evicta sint, simplum præstatur* (2).

Quand la chose a péri, bien que l'acheteur puisse encore être évincé de ce qui a pu échapper au désastre, ou de ce qui est provenu de cette chose, il ne peut exercer l'action *ex stipulatu* (3). Le motif c'est que la stipulation du double ne s'applique qu'à la chose même, objet du contrat.

Ce principe est si rigoureusement observé que nous voyons les lois 36, 42, 43, 44, *de evictionibus,* refuser ce genre de recours, dans le cas d'éviction

(1) Loi 11, par. 17 de act. empt. — Loi 31, par. 25 de œdil. edic.
(2) Loi 10 de evict
(3) Lois 42 et 43 de evict.

concernant soit des planches d'un navire, soit le part de l'esclave, soit encore le veau né d'une vache achetée, soit enfin la barque annexée à un vaisseau de haut bord.

Toutefois, à défaut de l'action *ex stipulatu*, l'acheteur peut obtenir, dans tous ces cas, une compensation légitime et efficace par l'action *ex empto*. Le vendeur, en effet, est obligé de lui procurer la chose vendue avec tout ce qui la compose, avec tous ses accessoires et toutes ses dépendances (1). Il pourra donc être poursuivi *ex empto*, en cas d'éviction d'une partie hétérogène, ou de ce qui est provenu de la chose, comme les fruits du fonds ou le part de l'esclave. L'action de bonne foi vient ici encore prêter son secours et son appui à l'acheteur, comme elle le fait partout où l'action du droit strict s'efface et disparaît pour une cause quelconque.

Il y a également éviction toutes les fois que l'acheteur est tenu de reconnaître et de tolérer un *jus in re*, qui entrave sa possession, un usufruit, par exemple, un droit d'emphytéose de superficie ou d'hypothèque (1).

L'usufruit n'est point sans doute une partie de la chose (2); c'est seulement une servitude person-

----

(1) Loi 16 de evict. — Loi 37. — Loi 11, par. 17 de act. empt.

(2) Loi 46. pr. de contr. empt. — Loi 15, par. 1. — Loi 46. pr. de evict.

(3) Loi 25 de verb. signif.

nelle : néanmoins, son éviction donne ouverture même à l'action *ex stipulatu,* parce que l'acheteur qui en est dépouillé, loin de jouir de la possession paisible et utile à laquelle il a droit, est privé de de l'un des principaux avantages. Les textes, du reste, ne laissent aucun doute à cet égard : les lois 43 et 49 *de evict...* assimilent l'éviction de l'usufruit à l'éviction partielle. *Si ab emptore ususfructus, petatur, proinde is venditori denunciare debet, atque is a quo pars petitur.* Un fragment d'Ulpien est aussi formel : *Si quis forte non de proprietate sed de possessione nuda controversiam fecerit, vel de usufructu, vel de usu, vel de quo alio jure ejus quod distractum est, palam est committi stipulationem* (1). Ce texte prouve que l'usufruit n'est pas gouverné par une loi spéciale : l'usage et l'habitation sont sous ce rapport régis par les mêmes règles. Et même ces expressions, *de quo alio jure,* expressions très-larges, semblent s'appliquer à l'emphytéose et au droit de superficie. Mais irons-nous plus loin et dirons-nous que les servitudes prédiales sont comprises sous cette même dénomination. Non, assurément. Examinons donc la grave controverse qui divise les interprètes les plus autorisés du droit romain.

Le vendeur est-il soumis à un recours à raison des servitudes prédiales qui grèvent le fonds vendu?

(1) Loi 38, par. 3 de verb oblig.

Une première opinion enseignée par Maynz distingue entre les diverses espèces de servitude. Les servitudes sont-elles apparentes? L'acheteur n'a pas de
recours contre son vendeur, sauf le cas où celui-ci
a présenté le fonds *ut optimus maximus*, comme
libre. Sont-elles occultes? L'acheteur a droit à la
garantie s'il a ignoré leur existence. Dans ce système
on applique ce que dit Venuleius dans la loi 70 *de
evict.* aux servitudes apparentes qui suivraient tacitement le fonds à cause même de cette apparence,
et aux servitudes non apparentes, le texte d'Ulpien
formant la loi 61 *de œdil. edict*, qui ne précise pas
de quelles servitudes il s'agit. Cette première opinion repose sur une distinction qu'aucun texte ne
justifie.

Une seconde opinion, professée par Cujas, supprime
toute distinction fondée sur l'apparence ou la non
apparence de la servitude. La déclaration de franchise, *uti optimus maximus*, a-t-elle été faite?
L'acheteur a un recours par l'action *ex empto* ou
l'action *ex stipulatus* (lois 48 et 75 *de evict)*; si le
vendeur a caché à l'acheteur de bonne foi l'existence
de la servitude, il est tenu de l'action *ex empto
in id quod interest ratione doli*. En dehors de ces
deux cas, la réclamation d'une servitude n'engendre
pas d'action *ob evictionem*, mais seulement *quanti
minoris* (loi 71 *de œdil. edict.* et loi 15 par. 1 *de
evict)*.— Le système de Cujas est difficile à admettre

en présence du texte de Venuleius (loi 75 *de evict.*), qui, parlant des servitudes, s'exprime ainsi; «*venditorem ob evictionem teneri non posse*», et ne distingue pas entre les différents modes de recours, *ex stipulatu, ex empto*, ou *quanti minoris*. L'opposition que présente la fin de la phrase pour les cas où l'on a déclaré le fonds *ut optimus maximus*, confirme encore cette interprétation, en décidant : *tunc liberum ab omni servitute præstandum*. La loi 59 *de contrah. empt.* est surtout formelle et ne se prête à aucune distinction.

Une troisième opinion (1), à laquelle nous nous rattachons, n'admet la garantie que dans le cas où le fonds a été vendu comme libre, que les servitudes d'ailleurs soient apparentes ou occultes, peu importe. Si dans le cas de franchise déclarée, des servitudes grèvent le fonds, il y a une éviction partielle qui donne lieu à un recours contre le vendeur. C'est l'application exacte des deux lois de Venuleius et de Celsus. Quant à l'objection tirée de la loi 71 *de œdil. edict.*, on peut répondre avec Doneau que le jurisconsulte a pour but d'indiquer, non pas quelle action sera donnée, mais quel sera le *quantum* de la condamnation, *quoties de servitute agitur*. Cette indemnité étant due en vertu d'une clause du contrat, pourra être demandée par l'action *empti* plus avantageuse que l'action *quanti minoris*, puisqu'elle

---

(1) V. sur ce sujet l'ouvrage de M. Labbé dont nous résumons la doctrine ; *de la garantie*, p. 18.

est perpétuelle. Nous retrouvons la même formule dans un fragment où Paul statue exclusivement sur l'estimation du litige : *si servitus evincatur quanti minoris ob id prædium est, lis æstimanda est* (1).

Le vendeur doit également faire connaître à l'acheteur les servitudes actives qui peuvent exister au profit du fonds qu'il lui livre ; la bonne foi l'oblige en effet à ne rien cacher de ce que son acheteur peut avoir intérêt à savoir ; si donc, celui-ci venait à perdre par le non usage, le droit d'exercer une servitude, il aurait l'action *ex empto* contre son vendeur, qui lui en a laissé ignorer l'existence (2).

Dans ce chapitre. nous nous sommes occupés uniquement de l'éviction dans la vente de choses corporelles. Or l'obligation de garantie pèse sur le vendeur, et dans la vente de choses corporelles, et dans la vente de choses incorporelles.

1° *Vente d'une créance*. — Le droit romain impose au vendeur la garantie de l'existence de la créance, et non la garantie de la solvabilité du débiteur, fut-elle antérieure à la vente, à moins de convention contraire (3). Ainsi le vendeur doit garantir seulement que la créance cédée existait, selon le droit, qu'une action existe, et qu'aucune exception ne la paralyse. Si la créance cédée était accompa-

(1) Loi 15, par. 1 D. *de evict.*
(2) Loi 1 par. 1 *de act. empt.*
(3) Loi 4 D. *de hæred vel act. vend.* — Loi 74 *de evict.*

gnée d'un gage, d'une hypothèque ou d'une fidejus-
sion, le vendeur n'en devrait pas garantie, s'il avait
indiqué, spécifié aucun des accessoires; car l'acheteur
n'a pas dû compter sur ces différents droits, puisqu'ils n'ont pas formé un des objets de la vente (1).

2° *Vente d'une hérédité?* — Nous supposons
l'hérédité d'une personne actuellement décédée, car
l'hérédité d'une personne vivante serait radicalement
nulle. Quel est l'objet de la vente? C'est un être
juridique, un *nomen juris*; ce sont les avantages
attachés à la qualité d'héritier. L'héritier vendeur
garantit sa qualité d'héritier, il répond de l'existence
du droit, quelque soit l'émolument que ce droit
produira pour l'acheteur; à moins de conventions
spéciales, il ne répond nullement de la quotité de
cet émolument. Le vendeur doit garantir qu'il a le
nomen hereditarium. Si donc un tiers intente,
utilitatis causa, la *petitio hœreditatis* contre
l'acheteur, celui-ci doit être défendu ou indemnisé
par le vendeur (2) *de hœredit. petit.*

(1) Loi 30 D de *œdil. edict..* — V. M. Labbé *de ta Garantie.*
(2) Loi 13 par. 3 D. lib. 5, tit. 3.

A quelles conditions l'exercice du recours en garantie est-il subordonné ?

Quatre conditions doivent se rencontrer pour que le recours du chef d'éviction soit autorisé :

1° Il faut que l'éviction, ayant d'ailleurs son principe dans un vice inhérent au droit transmis, procède en même temps d'une cause antérieure à la vente, ou au moins du fait du vendeur ;

2° Il faut qu'elle ait lieu en vertu d'une décision judiciaire ;

3° L'acheteur, qui demande à être indemnisé, ne doit pas avoir contribué par une faute quelconque, au résultat de l'éviction ; il doit avoir eu soin en particulier, de dénoncer dès le principe, la réclamation élevée contre lui, *Denuntiatio litis.*

4° Il faut que l'éviction ait été consommée par l'exécution du jugement, et que la dépossession soit déjà un fait accompli.

Par. 1".

*Il faut que l'éviction ayant d'ailleurs son prin-
cipe dans un vice inhérent au droit transmis,
procède en même temps d'une cause antérieure à la vente, ou au moins du fait du
vendeur.*

Si le vendeur est garant de l'éviction, c'est uniquement parce qu'elle viole son obligation, *præstare rem habere liceré*; or, pour la violer, il faut
qu'elle lui soit imputable ; de là cette conséquence
qu'elle doit avoir son origine, dans la possession
vicieuse qu'il a livrée à l'acheteur, ou tout au moins
dans un fait postérieur que celui-ci puisse lui reprocher.

Toutes les fois que le vendeur est propriétaire de
la chose vendue, et que sa propriété est libre de tout
droit d'usufruit ou de gage, la tradition qu'il en fait
à l'acheteur est parfaite et irrévocable ; il est immédiatement libéré par la transmission qu'il opère.

Ce n'est pas à dire pour cela que l'acheteur ne
puisse pas plus tard être privé de la chose qui lui a
été livrée, mais cela n'arrive qu'à raison d'un évène-

ment postérieur au contrat de vente, qui doit retomber sur lui comme toutes les détériorations ou même la perte de la chose. Il est de principe, en effet, qu'aussitôt le contrat formé, les risques passent tous à sa charge : *periculum rei venditæ, statim ad emptorem pertinet (loi 8 de peric. et comm. rei vend. Inst, par. 3 de empt. et vend.)*

Toutefois, si le vendeur n'est responsable que des évictions dont la cause est antérieure à la vente, il n'est pas nécessaire que cette cause se trouve dans un droit déjà ouvert au profit d'autrui lors de cette vente : une simple expectative suffit. *La loi 39, par. 4, de evictione*, nous en fournit une preuve manifeste : si le vendeur livre un esclave *statu liber*, sans en faire la déclaration, il est responsable de l'éviction soufferte par l'acheteur, à quelqu'époque qu'elle se produise ; et cependant, au moment du contrat, la condition n'était pas accomplie et l'individu était bien réellement l'esclave du vendeur.

Quant aux évictions dont *la cause est postérieure* à la conclusion de la vente, l'acheteur reste sans recours ; ainsi, il ne peut rien réclamer s'il est dépouillé par violence ou par cas fortuit, *loi 17, C. de act. empti,* ou encore s'il a été dépossédé par le fait du prince, *loi 11, pr. de evict,* ou par suite d'un jugement injuste, *loi 51, pr. hoc tit.* Il n'y a point, dans ce dernier cas, à distinguer si le dessaisissement est le résultat de l'ignorance ou de la mauvaise foi du juge ; dans les deux hypothèses, il y a une injustice personnelle à l'acheteur et un événement fortuit qui ne doivent retomber que sur lui seul (1).

Toutefois, bien que procédant d'une cause postérieure à la vente, l'éviction serait néanmoins à la charge *du vendeur*, si elle provenait de son *fait*. C'est ce qui arriverait, si, par exemple, après avoir vendu la chose à Séius, mais avant la livraison, il avait consenti à un tiers une hypothèque sur la chose vendue. Dans ce cas, l'acheteur, mis ensuite en possession, pourrait recourir en garantie à raison de l'action hypothécaire intentée contre lui par le tiers devenu créancier.

Par. 2e.

Il faut que l'éviction ait lieu en vertu
d'une décision judiciaire.

Il faut ici soigneusement distinguer les cas d'application de l'action *ex stipulatu*, des équivalents équitables admis par l'action *ex empto*.

Nous allons d'abord considérer l'éviction dans ses éléments rigoureux, et au point de vue des conditions strictement exigées pour l'action *ex stipalatu*.

(1) Loi 5 de evict.

Un principe qui domine toute la matière, c'est qu'il n'y a pas d'éviction si l'acheteur s'est volontairement dépouillé. Il faut que la chose lui ait été enlevée malgré lui, et qu'il ne se soit incliné que devant la décision du juge; mais pourvu qu'il y ait eu jugement, il n'y a pas lieu de rechercher à l'occasion de quel procès il a été rendu ; *Non interest, quo genere judicii evincatur* (1). Peu importe que l'acheteur ait été condamné dans une action intentée *contre lui*, ou qu'au contraire il ait succombé dans une poursuite dirigée *par lui*, contre un tiers possesseur (2).

L'éviction résultant même d'une *restitutio in integrum*, pourrait servir de base au recours en garantie. Si, dans ce cas, l'acheteur dépouillé n'a pas l'action *directe de evictione*, il aura au moins l'action *utile*, que les prèteurs lui accorderont, en vue de l'équité, de même qu'ils ont introduit au profit du mineur le remède de la restitution (3).

Mais il ne faudrait pas assimiler à un jugement la sentence rendue par des arbitres, *(loi* 46, *par.* 1ᵉʳ, *de evict*). La raison en est que ce genre de décision n'est point rendu malgré le justiciable, et que c'est lui, au contraire, qui s'y soumet de son plein gré : *nulla cogente necessitate id fecit.*

(1) Loi 34 de evict, D.
(2) Loi 16, par. 1ᵉʳ de evict.
(3) Loi 39. — Loi 66, par. 1ᵉʳ de evict.

Ainsi pour l'action *ex stipulatu*, il n'y a d'éviction que celle qui a eu lieu en vertu d'un jugement, et on ne peut considérer comme jugement, que celui qui intervient à la suite d'une lutte, et qui constitue une défaite juridique au préjudice du vaincu.

Dans l'action *ex empto*, au contraire, on considère l'éviction comme accomplie, bien qu'elle n'ait pas été ordonnée par jugement, toutes les fois que l'acheteur ne possède plus *ex causa emptionis*, c'est-à-dire toutes les fois qu'il a acquis la propriété de la chose vendue ou un droit sur elle, à un titre indépendant de la vente dont il s'agit. Dans ce cas, en effet, il ne peut y avoir un jugement prononçant l'éviction, par la raison qu'on ne peut pas agir contre lui-même. Il était juste que cette circonstance purement fortuite ne permit pas au vendeur d'échapper au recours de l'acheteur dessaisi. Un exemple cité par les lois romaines est celui d'un acheteur qui vient à acquérir la chose vendue, soit comme héritier, soit comme légataire ou donataire du véritable propriétaire, *ex causa lucrativa* (1). Ajoutons que si le vendeur a agi de mauvaise foi en vendant sciemment la chose d'autrui, l'acheteur, du moment qu'il éprouvera quelque préjudice par un commencement de trouble ou autrement, pourra agir *ex empto*, en raison du dol du vendeur.

La garantie est encore due en vertu de l'action

(1) Loi 13 par. 15 *de act. empt.*

ex empto, lorsque la chose est rentrée, sans la faute de l'acheteur, en la possession du véritable propriétaire. La loi 24 *de evictione* nous fournit une espèce utile à noter : une femme a acheté un esclave *à non domino*, puis, en se mariant, elle l'a donné en dot à son mari, sans savoir qu'il en était déjà propriétaire : l'esclave est perdu pour elle, car son mari à cause de son droit de propriété, ne sera pas tenu de le restituer comme chose dotale ; d'un autre côté elle ne peut pas recourir contre son vendeur par l'action *ex stipulatu*, car, si elle a été dépouillée, c'est par un fait volontaire de sa part et non pas en vertu d'un jugement. Dans ce cas, elle pourra néanmoins intenter l'action *ex empto*, qui lui est accordée en vertu de l'équité, et parce qu'au fond elle n'a aucune faute à se reprocher.

Par. 3.

L'acheteur qui demande à être indemnisé ne doit pas avoir contribué par une faute quelconque au résultat de l'éviction : il doit avoir eu soin, en particulier, de dénoncer dès le principe, la réclamation élevée contre lui.

Les déchéances résultant du fait ou de la faute de l'acheteur, ou bien encore du défaut de *dénoncia-*

tion de sa part, sont nombreuses.— Occupons-nous d'abord de ce que l'on appelle son fait.

Le fait de l'acheteur peut-être antérieur à la vente. Nous en trouvons un exemple dans la loi 20 *de evict.* Primus a hypothéqué son fonds pour la dette d'un tiers ; il l'a ensuite vendu, puis racheté : s'il vient à être évincé, après ce second investissement de la chose, par le créancier auquel il a primitivement consenti l'hypothèque , il ne pourra recourir contre son vendeur ; car celui-ci le repousserait, à bon droit, au moyen de l'exception de dol, en lui répondant qu'il ne peut se plaindre d'une éviction provenant de son propre fait.

L'obligation de garantie cesserait encore, à raison du fait de l'acheteur, s'il avait soumis le procès en éviction à la décision d'un arbitre (1).

Enfin l'acheteur peut voir écarter son action s'il a succombé par suite d'une exception personnelle, par exemple l'exception *jurisjurandi* (2).

Telles sont les déchéances encourues par l'*emptor* à raison de son fait.

Dans quels cas peut-il être considéré comme étant *en faute ?*

En règle générale, on peut dire qu'il est en faute toutes les fois qu'il aurait pu éviter l'éviction, par

(1) Loi 56 par. 3 loi 63, par. 2; loi 56 par. 1 *de evict.*
(2) Loi 27 *de evict,*

exemple s'il a imprudemment perdu la possession, ce qui a changé les rôles, et misà sa charge la preuve du droit de propriété, alors qu'il est certain que son adversaire n'eùt pas pu de son côté établir son droit, et eùt été immédiatement écarté, s'il n'eùt pu invoquer les avantages de la possession à lui abandonnée.

Il en serait de même si les délais pour l'usucapion et la prescription de longtemps étant accomplis au profit de l'acheteur, celui-ci avait omis de s'en prévaloir. (1).

Bien plus, si l'acheteur, se trouvant dans le cas d'acquérir la chose par la possession, n'est pas arrivé à cette acquisition, parcequ'il a laissé, par manque de de soin, sa possession s'interrompre, c'est encore une faute qui laisse l'éviction à sa charge (2). Nous ne supposons pas, bien entendu, que le tiers demandeur ait obtenu le bénéfice de la restitution *in integrum* et la rescision de l'usucapion. Dans ce cas, en effet, l'acheteur évincé en vertu de l'action utile accordée par le préteur (3), n'a aucune négligence à se reprocher.

Enfin pour être exempt de faute, il doit soigneusement proposer devant le juge tous les moyens de défense qui lui appartiennent soit de son chef, soit comme ayant-cause de son vendeur: car, en

(1) Loi 54 par. *de evict.*
(2) Loi 56 par, 3 *de evict.*
(3) Loi 66 par, 1" *de evict.*

cette qualité, il peut invoquer toutes les exceptions, mêmes personnelles à ce dernier. « *Eum* dit la loi 76 *par.* 1" *de contrah empt., qui in locum emptoris successit, iisdem defensionibus uti posse quibus venditor ejus uti potuisset.* »

Mais l'acheteur est-il tenu, sous peine de perdre son recours, d'appeler de la sentence qui l'a condamné? la question ne peut naître si la condamnation a été prononcée *venditore præsente.* La loi 63 par. 1" décide, en effet, que dans ce cas, le défaut d'appel n'entraîne pas de déchéance. Le doute ne peut être soulevé que pour le cas ou le vendeur est resté étranger à l'instance. Nous croyons que dans cette deuxième hypothèse, l'acheteur n'est déchu de son recours, qu'autant que l'éviction procède d'une sentence qui n'est pas fondée en droit: car alors il peut s'imputer à lui-même une condamnation qui eût pu être réformée, s'il en eût appelé dans le délai voulu : « *bonam causam vitio suo perdidit* (1). » Si, au contraire l'éviction a été prononcée selon le droit, l'acheteur conserve son recours; il n'est point en faute en effet, de n'avoir point appelé puisque son appel eût abouti à la confirmation pure et simple du premier jugement. Nous pouvons donc dire avec la loi 63 par. 1" *in f. de evict.* : « *Nihil proponi cur emptrici adversus venditorem actio non competat.* »

_____

(1) Loi 63 par. 2 *de evict.*

Toutefois, il est une obligation préalable, qui est spécialement imposée à l'acheteur, et dont l'omission entraîne les déchéances les plus rigoureuses : nous voulons parler de la *Denunciatio litis*. Aussitôt que le tiers intente son action ou oppose son exception, l'acheteur est tenu d'en informer le vendeur, et de requérir son assistance dans le procès qu'il aura à soutenir (1).

C'est ce qu'on appelle *litem denunciare* ou *auctorem laudare*.

Cette dénonciation a pour but de mettre le vendeur à même d'intervenir au procès, et de fournir à l'acheteur, tous les documents et toutes les preuves qui peuvent être entre ses mains. Si celui-ci, confiant dans la bonté de sa cause, se présente devant le juge avec ses seuls renseignements personnels, sans avoir invoqué préalablement l'assistance du vendeur, cette témérité est considérée comme *un dol : hoc ipso videtur dolo fecisse* (1), et il est déchu de tout recours.

Ce qu'il importe de préciser, c'est *à qui* et dans *quel délai* cette dénonciation doit être faite.

C'est *au vendeur* lui-même que l'acheteur doit s'adresser, alors même que ce vendeur serait un es-

___

(1) Loi 29, par. 2. — Loi 39, par. 1er. — Loi 54, loi 55, par. 1er de evict.

(1) Loi 53, par. 1er de evict.

clave (1). S'il y a *plusieurs vendeurs* ou *plusieurs héritiers d'un seul vendeur,* la dénonciation doit être faite à tous (2). Mais il n'est point nécessaire que la dénonciation soit faite à la *Caution,* par cette raison que ce n'est point à elle d'intervenir dans l'instance (loi VII Code *hoc tit.*)

Aucun *délai* n'est fixé pour la dénonciation.

L'acheteur devra, dans son intérêt, la faire dès le principe afin que le vendeur intervienne dans la procédure. Toutefois, il peut *litem denunciare* à toute époque, même entre la *litis contestatio* et la sentence, pourvu qu'il reste encore au vendeur un temps suffisant pour préparer la défense. L'on conçoit en effet qu'une dénonciation faite au moment où la condamnation va être prononcée, serait illusoire et devrait en conséquence être considérée comme non-avenue. La loi 29, par. 2 *de evict* dit fort bien : « *non præfinitur certum tempus.... dum tamen ne prope ipsam condemnationem id fiat.*»

Quelque rigoureuse que soit l'obligation de dénoncer imposée à l'acheteur, il est cependant deux cas où il en est dispensé :

1° Lorsqu'il en a été ainsi convenu (3) ;

2° Lorsqu'il ne peut trouver le vendeur, soit que

(1) Loi 39, par. 1er *de evict.*
(2) Loi 85, par. 5 *de verb. oblig.* — Loi 62, par. 1er *de evict.*
(3) Loi 63 pr. *de evict.*

celui-ci fasse en sorte, en restant caché, que l'acheteur ne puisse pas le découvrir (1), soit en cas d'absence réelle, soit enfin que, malgré tous ses efforts, l'acheteur n'ait pas pu parvenir à trouver la demeure du vendeur, quoique rien n'ait été fait d'ailleurs pour entraver sa recherche (2).

C'est une question que de savoir si l'acheteur peut encore se dispenser de la dénonciation quand le droit du tiers est clair et évident? Nous penchons pour l'affirmative. La loi 11, par. 12 *de act. empti* le déclare expressemment. Il est vrai que cette loi traite de la qualité noxale de l'esclave, et se réfère par conséquent à la garantie concernant les vices rédhibitoires. Mais il y a identité de motifs pour appliquer cette décision à notre matière; de plus la loi 46 pr. *de evict.* se prononce dans le même sens. Toutefois, il faut remarquer que ce serait toujours à l'acheteur de prouver l'évidence dont il voudrait se prévaloir.

(1) Loi 55, par. 1", *de evict.*
(2) Loi 56, par. 6, *de evict.*

Par. 4°.

Il faut que l'éviction ait été consommée par l'exécution du jugement et que la dépossession soit déjà un fait accompli.

Cette règle va nous fournir l'occasion de signaler encore de nouvelles différences, au point de vue de l'application entre l'action *ex stipulatu* et l'action *ex empto*. — Ces différences tiennent à l'origine de ces deux moyens de recours : le premier descendant en droite ligne du droit strict, et ne pouvant être mis en mouvement qu'autant que les termes de la stipulation sont rigoureusement accomplis ; — le second appartenant à la classe des actions de bonne foi et accueillant les tempéraments exigés par l'usage ou l'équité.

Plaçons-nous d'abord au point de vue de l'action *ex stipulatu*. — Tant que la dépossession n'a pas eu lieu, tant que l'éviction n'a pas été consommée par l'exécution du jugement, l'acheteur ne peut point l'intenter contre son vendeur. Il en résulte que si, après la condamnation prononcée, le demandeur en éviction vient à mourir, et que personne ne se présente pour faire exécuter le jugement, l'acheteur ne peut prétendre à aucun recours. *Rem habere ei licet*, dit la loi 57, pr. *de evict.* De même encore s'il a obtenu, au moyen d'un legs ou d'une donation émanant de celui qui a triomphé dans l'instance, l'objet dont il était évincé, il ne pourra pas agir *ex stipulatu*, car le jugement n'a pas été exécuté (1).

L'acheteur ne peut pas non plus être considéré comme évincé après une première défaite en justice, tant qu'il lui reste encore un moyen de la réparer.

Ces exigences du droit strict devaient recevoir des modifications importantes au point de vue de l'équité, par l'intermédiaire des préteurs. Ces magistrats prirent en considération l'état précaire de l'acheteur, dépourvu de tous moyens de recours, tant que la chose restait en sa possession, alors même qu'il était d'ailleurs établi qu'elle appartenait ou qu'elle était obligée à autrui. Ils trouvèrent également ment trop rigoureux de le laisser désarmé après l'intervention du jugement tant qu'il n'était pas exécuté.

Pour obvier aux inconvénients de cette situation, ils accordèrent à *l'emptor*, dont le prix n'aurait pas encore été soldé, et qui se verrait exposé à une action en éviction, le droit de refuser le paiement, à moins que le vendeur n'offrit caution suffisante (2).

Ils lui donnèrent de plus, pour le cas où il éprouverait quelque préjudice résultant d'un commence-

(1) Loi 57, par. 1 *de evict.*
(2) Loi 18 par 1er *de perio. et comm. rei vend.*

ment de trouble, et pour le cas où le vendeur aurait agi de mauvaise foi, en vendant sciemment la chose d'autrui, l'action *ex empto* à raison du dol (1).

Ils allèrent plus loin encore, et cette action put être intentée indépendamment même de toute dépossession matérielle, quand l'acheteur, pour éviter l'éviction, avait désintéressé le tiers. Un exemple qui se présente naturellement à l'esprit est celui de *l'emptor*, qui poursuivi par l'action hypothécaire, acquitte la créance afin d'échapper à l'obligation de restituer la chose (2).

Jusqu'à présent nous avons supposé que, l'exécution poursuivie, l'acheteur était dépossédé, et alors avons-nous dit, *commissa est stipulatio*. Mais il n'est pas nécessaire, pour produire ce résultat, que l'exécution ait porté sur la chose elle-même. Lorsque l'acheteur a été condamné à payer une somme d'argent, *litis æstimationem*, les jurisconsultes reconnaissent qu'il y a éviction. L'acheteur est dépossédé, non de la chose elle-même, mais d'une valeur qui la représente ; il peut néanmoins se dire évincé et agir *ex stipulatu* contre son vendeur. *Duplæ stipulatio committi dicitur, tunc quum res restituta est petitori, vel damnatus est litis æstimatione, vel possessor ab emptore conventus absolutus est* (3). Ulpien reproduisant la même

(1) Loi 30 par 1" *de act. empt.*
(2) Loi 16 par. 5 de pignoribus. — Loi 2 *quib. mod. pign. solv.*
(3) Loi 10 par. 1 *de evict.*

doctrine, dit que l'acheteur dans ce cas, ne possède plus en vertu de la première vente, mais pour ainsi dire en vertu d'une seconde vente, consommée par le paiement de la *litis œstimatio* (1).

CHAPITRE II.

De la nature de la garantie et des différentes modifications dont elle est susceptible.

On distingue dans les contrats en général trois classes de conditions :

1° Les conditions *essentielles*, qui sont constitutives de la convention et sans lesquelles elle ne peut exister.

2° Les conditions *accidentelles*, que la loi ne prescrit pas, et dont l'introduction ou l'exclusion sont également indifférentes, qui en un mot sont abandonnées au libre arbitre des parties.

3° Les conditions *naturelles*, qui, à la vérité, sont de droit dans le contrat et admises par l'usage, qui

(1) Lol 21 par. 2 de evict.

existent en l'absence de toute convention, mais qui cependant peuvent être modifiées au gré des parties.

C'est dans cette dernière classe qu'il convient de faire rentrer la garantie en cas d'éviction.

Cette garantie, appelée par les textes d'un vieux mot latin, *auctoritas*, qui donne à l'acheteur la sécurité en le protégeant contre toute agression, est un effet naturel de la vente ; elle est intimement liée au contrat lui-même. La tradition doit en effet être considérée comme non-avenue, toutes les fois, qu'après la transmission, la chose a été juridiquement enlevée à l'acheteur (1) : celui-ci ainsi dépouillé, peut agir par l'action *empti* comme si la tradition lui avait été refusée, et cela en l'absence même de toute convention (2).

Toutefois si la garantie est aussi de la nature de la vente, elle n'est pas de son essence : elle peut donc être modifiée par la volonté des parties.

Or, les contractants peuvent la modifier de trois manières : en l'étendant, en restreignant au contraire sa portée, ou bien en l'anéantissant complètement.

(1) Loi 3 de act. empt.
(2) Loi 66 p. de contr. empt.

Par. 1er.

Conventions extensives de la garantie.

La garantie peut être étendue quant à son objet; elle peut être aggravée quant au montant de l'indemnité à payer à l'acheteur en cas d'éviction.

Elle est *étendue quant à son objet* dans deux cas :

1° Lorsqu'il y a eu *stipulatio dandi:* car alors le vendeur n'est plus seulement tenu de livrer la paisible possession de la chose *præstare rem habere licere*, mais il doit transférer la propriété; d'où il suit que l'acheteur n'est pas obligé pour agir d'attendre que l'éviction ait eu lieu : il suffit que la chose appartienne ou soit obligée à autrui, alors même qu'aucun dessaisissement n'a été poursuivi ni consommé à l'encontre du possesseur;

2° Il y a encore *extension* de la garantie lorsqu'on l'applique à des choses qui n'y sont pas naturellement comprises, par exemple aux servitudes. Nous avons vu, en effet, qu'en thèse ordinaire, l'acheteur n'a aucun recours contre le vendeur, pas même par l'action *ex empto*, à raison des prétentions élevées par un tiers à l'exercice d'une servitude prédiale sur le fonds, objet du contrat.

Quant au *montant de l'indemnité à payer* à l'acheteur en cas d'éviction, il faut remarquer que *la stipulatio duplœ*, en augmentant la dette du vendeur, est une cause d'aggravation de la garantie : elle est habituellement sous-entendue dans la vente, au moins pour les choses de valeur.

Toutefois on peut signaler trois exceptions à cet usage général.

1° Le fisc ne pouvait jamais être tenu au-delà du simple (1); toute convention contraire était réputée non avenue ;

2° On ne stipulait également que le simple, lorsqu'il s'agissait de choses de médiocre importance : de là la dénonciation de *simplariæ venditiones*, donnée à ces sortes de ventes (2).

3° La *stipulatio duplæ* ne pouvait pas non plus être exigée dans les lieux où elle n'était pas en usage (3).

(1) Loi 5 *de jure fisci.*
(2) Loi 48 par. 8 *de ædilit. edict.*
(3) Loi 6 *de evict.*

Par. 2ᵉ.

Conventions restrictives ou bien même entièrement destructives de la garantie.

Tout d'abord il convient de faire observer que les clauses soit générales, soit spéciales, à l'aide desquelles le vendeur tente d'atténuer son obligation, ne sont valables qu'autant qu'elles ont été proposées de bonne foi et qu'elles sont exemptes de dol. Le vendeur, en effet, ne doit pas égarer l'acheteur par des reticences calculées ou par des paroles obscures : il doit le mettre en état d'apprécier très-nettement la portée de la clause qu'il va accepter (1). En un mot l'acheteur ne doit rien ignorer, par la faute du vendeur, de ce qu'il lui importe de savoir, *circa rem ipsam venditam* (2).

Autrement ce dernier resterait soumis à toute la rigueur de la responsabilité qu'il aurait cherché à éluder (3).

Nous avons énoncé que les parties penvent déroger à la garantie soit d'une manière générale, soit à l'aide d'une clause spéciale.

(1) Loi 42 par. 2 *de contr. empt.*
(2) Loi 11 par. 5; loi 1 par. 1; loi 39 *de act. empti.*
(1) Loi 1 par. 1, loi 13 par. 6, loi 6 par. 9, loi 39 *de act, empl.*

Il faut mesurer la portée et l'étendue de chacnne de ces clauses.

D'abord quel est l'effet de la *clause générale de non garantie,— pactum de non prœstanda evictione*.

On reconnait universellement que ce pacte a pour effet de mettre le vendeur à l'abri de toute réclamation de dommages-intérêts, mais les opinions sont divisées en ce qui concerne le prix de vente.

Plusieurs auteurs prétendent que le vendeur demeure néanmoins toujours tenu de le restituer en cas d'éviction ; d'après eux, la bonne foi ne permet pas que le vendeur retienne le prix alors que l'acheteur a perdu la chose, *ut emptor rem amitteret et pretium venditor retineret.* Ainsi quand le vendeur n'a promis que la garantie de ses faits seulement, ou encore lorsqu'il a dit qu'il ne garantirait pas l'éviction, ces deux clauses dont les effets se confondent, ne peuvent, malgré leur généralité, qu'exclure l'obligation de payer les dommages-intérêts et laisser subsister dans son entier, le droit, pour l'acheteur, de se faire restituer le prix.

On invoque spécialement dans cette première doctrine la loi XI par. 18 *de actionibus empti.* On prétend qu'Ulpien approuve l'opinion de Julien et soutient comme lui que le prix doit être restitué. En effet, dit-on, si Ulpien voulait contredire l'opinion de Julien, et admettre qu'en notre hypothèse de la vente d'une *res certa* avec clause de non-garantie, il en est comme dans ces ventes d'une *alea* dont parle Julien, au lieu de dire *sed in supra scriptis conventionibus contra erit dicendum......* il eut écrit, *idem erit dicendum*, assimilant ainsi les unes aux autres, et excluant la restitution du prix dans les deux cas. Au contraire, dit-on, après avoir donné l'opinion de Julien et rapporté l'objection que Julien se fait à lui-même, Ulpien repousse cette objection, et décide qu'il ne faut pas assimiler notre hypothèse de non-garantie à la vente d'une *alea*, autrement dit, qu'il y a lieu à la restitution du prix en cas d'éviction, comme le voulait Julien. Il faut donc, continue-t-on, conserver le premier avis de Julien, sans tenir compte de l'objection qu'il se fait, car Ulpien repousse l'objection par les mots, *sed in supra scriptis conventionibus contra erit dicendum.*

Cette doctrine nous paraît devoir être repoussée :

1° Parce qu'elle est contraire aux principes généraux.

2° Parce qu'elle donne une interprétation inexacte de la loi 11 par. 18 *de actionibus empti.*

Tout d'abord il est de principe que la convention fait la loi des parties. Avant tout il faut donc rechercher *quod inter contrahentes actum sit.* Eh bien ! il est certain que le vendeur en déclarant expressément qu'il entendait n'être astreint à aucune espèce de garantie, a voulu aussi bien se soustraire à toute réclamation du prix qu'échapper à toute demande en dommages-intérêts. C'est là ce qui ressort incontestablement de la clause générale de non-garantie.

Examinons attentivement la loi 11. Qu'y voyonsnous ? Ulpien commence par poser deux hypothèses de non-garantie, l'une implicite, si le vendeur promet la garantie contre l'éviction provenant de lui ou de son ayant-cause, et par *a contrario* exclut la gerantie contre l'éviction provenant d'un tiers; l'autre explicite, si l'on a formellement exclu toute garantie d'une manière générale. Ulpien, prenant la première hypothèse, déclare, qu'en cas d'éviction par un tiers, le vendeur n'est tenu ni de l'action *ex stipulatu*, si la caution a été fournie, ni même de l'action *ex empto*, si la caution n'a pas été fournie. Ulpien mentionne ensuite l'opinion de Julien qui incline pour la restitution du prix. La conviction de Julien ne semble pas du reste bien arrêtée, *defendi potest*, dit-il. A notre avis, il résulte du texte sainement entendu, qu'Ulpien, loin d'adopter la décision de Julien, la rejette énergiquement; la preuve est pour nous dans cette phrase, *sed in supra scriptis conventionibus contra erit dicendum*, par laquelle Ulpien repousse l'opinion de Julien, et décide que le vendeur n'est pas tenu de l'action *ex empto*, à moins qu'il n'y ait dol de sa part. Les mots : *contra erit dicendum* indiquent une opposition, non pas avec les ventes aléatoires dont parle Julien, mais avec la décision de ce même Julien sur les ventes d'une *res certa* avec clauses de non-garantie.

Plusieurs lois sont conçues dans le même sens, et donnent à l'opinion que nous défendons une force invincible. D'abord la loi 68 *de evictionibus*, qui est ainsi conçue : *cum ea conditione pignus distrahitur ne quid evictione secuta creditor præstet; quamvis pretium emptor non solverit, sed venditori caverit, evictione secuta, nullas emptor exceptionem habebit, quominus pretium solvat.* Que si l'acheteur ne peut pour se dispenser de payer le prix, opposer une exception fondée sur l'éviction dont il a été victime, si n'ayant déjà plus rien entre les mains, il doit néanmoins encore débourser la somme promise, à plus forte raison, lorsque le payement est un fait accompli, ne peut-il pas en exiger la restitution. — De même la loi 69 relative au vendeur *qui libertatis causam excepit*, nous dit formellement que par l'effet de cette restriction le vendeur ne pourra être tenu à raison de l'accomplissement de l'éviction, *non tenebitur evictionis nomine.*—Ajoutous-y les lois X et XI *de hœreditate vendita.*

Nous avons ajouté que les parties peuvent encore déroger à la garantie au moyen de clauses spéciales.

Ces stipulations particulières peuvent procéder

de deux manières : ou bien en exceptant de l'obligation du vendeur telle ou telle partie de ce qui a été vendu, ou bien en écartant telle ou telle cause d'éviction.

Dans le premier cas l'objet ainsi excepté n'entre même pas dans la vente ; aucune obligation de garantie ne naît à son occasion. Ainsi, Primus a vendu un esclave ou un fonds avec réserve d'usufruit, en déclarant qu'il appartient, par exemple, à Seius. Cet usufruit, se trouve par l'effet seul de la convention, en dehors de la garantie ; toutefois, il faut s'en tenir aux termes mêmes de la clause ; ce n'est pas tout usufruit qui est ainsi excepté, mais celui là seul qui appartient à Seius désigné dans l'acte (1).

La clause spéciale restrictive de la garantie, peut avoir opéré cette dérogation, non plus en exceptant de l'obligation du vendeur telle ou telle partie de l'objet vendu, mais en *écartant certaines causes d'éviction*. La loi 59 pr. par. 1, 2, 3, nous en fournit des exemples.

Le premier est celui d'un vendeur qui, en livrant un esclave, a déclaré ne pas vouloir garantir l'éviction procédant de la revendication par cet esclave de la liberté. Cette restriction a son effet plein et entier, soit que la personne au moment même de la tradition fut libre, soit qu'elle ne le fût devenue

____

(1) Loi 39 par. 5 *de evict.*

que plus tard, par l'accomplissement de la condition apposée au legs à elle fait de la liberté.

Plus loin, le texte suppose que le vendeur *qui libertatis causam excepit* a de plus indiqué l'événement particulier qui doit réaliser la condition. Il ne suffit plus alors que l'esclave ait été enlevé à l'acheteur, à raison de son état général de *statu liber*, il faut de plus qu'il n'ait conquis la liberté que par le moyen spécialement indiqué dans le contrat. Ainsi le vendeur a indiqué que l'esclave n'obtiendrait sa liberté par l'événement de la condition que : 1° Au bout d'un an ;

2° En donnant dix sesterces (*decem dare jussum*). Si l'esclave arrive à la liberté, à la vérité à la fin de l'année, mais sans être tenu de donner *dix*, le vendeur sera garant de l'éviction, car on se trouve en dehors de l'exception prévue au contrat.

La déclaration que l'esclave est *statu liber* ne produit son effet qu'autant que le vendeur, connaissant d'ailleurs la condition de la liberté, a pris soin d'en avertir l'acheteur : autrement, son abstention constituerait un dol, rendant inutile la dérogation introduite dans l'acte.

Bien entendu, pour nous qui accordons au pacte général l'effet absolu de dispenser le vendeur de toute garantie, tant au point de vue du prix, qu'au point de vue des dommages-intérêts, nous l'accor-

dons à plus forte raison, à la clause spéciale par
laquelle le vendeur déclare qu'il n'entend pas être
garant de l'éviction qui procèderait de telle cause
déterminée, ou du droit de telle personne nominativement désignée ; car ainsi il avertit suffisamment
l'acheteur, et le constitue en quelque sorte de mauvaise foi, comme celui qui achète sciemment la
chose d'autrui. La loi 59 pr. *de evict.* nous dit fort
bien qu'il n'y a lieu dans ce cas à aucun recours.

CHAPITRE III.

*Sous quelles formes le recours en garantie
peut-il se produire ? A qui appartient-il, et
contre qui peut-il être dirigé.*

Pour déterminer *sous quelles formes* le recours
en garantie peut se produire, nous devons l'étudier
successivement dans deux hypothèses bien distinctes.

Première hypothèse. — L'acheteur en possession est en présence *d'un tiers*, qui se prétendant
propriétaire ou créancier, le poursuit en éviction et
en délaissement de l'objet vendu ; ou bien encore,
ce même acheteur, réclamant la chose en vertu de
son titre de vente, se trouve en face d'un tiers possesseur, qui refuse de le lui remettre, et qui affirme
hautement son domaine absolu et exclusif sur cette
chose.

Deuxième hypothèse. — Le débat ne s'élève
plus entre l'acheteur et un tiers : mais il est soulevé
par une *personne tenue à la garantie*, soit par le
vendeur ou sont ayant-cause, soit par une autre personne obligée comme lui, à maintenir pleine et entière
la possession de l'acheteur.

Dans le premier cas, il est tout d'abord certain que celui-ci, après avoir fait au vendeur la dénonciation exigée par les textes, n'en continue pas moins de rester au procès: peu importe, à ce point de vue, qu'il soit assisté du vendeur, ou qu'il ne le soit pas : c'est son affaire personnelle qui est soumise aux juges; il doit présenter tous ses moyens de défense, et le recours contre son garant, ne peut être mis en mouvement, qu'après le procès terminé, et la *condamnation exécutée*. On peut donc poser en principe, que l'acheteur, lorsque l'éviction est poursuivie par un tiers, doit *nécessairement* agir contre son vendeur par *voie d'action*, et ne peut agir que par cette voie; le 1ᵉʳ débat une fois terminé, un second s'engage immédiatement, contre le vendeur, soit au moyen de l'action *ex empto*, soit au moyen de l'action *ex stipulatu*.

Toute autre est la situation de l'acheteur, lorsqu'il se trouve non plus en face d'un tiers, mais en face d'une personne obligée envers lui à la garantie , à quelque titre que ce soit.

Il peut sans doute, s'il le veut, souffrir l'éviction de la chose, et s'en tenant au recours qui lui appartient contre son auteur, se faire indemniser ultérieurement du préjudice à lui causé. — Mais s'il aime mieux conserver la chose , il pourra également repousser la demande , soit par l'exception de *dol*, soit par l'exception *rei venditœ et traditœ*.

Il pourra ainsi, en échappant au péril du dessaississement, écarter, au moyen d'une exception, la
demande intentée par toute personne qui, l'éviction
une fois consommée, lui devrait des dommages-intérêts. « *Quem de evictione tenet actio, eumdem
agentem repellit exceptio.* »

La garantie peut donc, suivant les cas, se produire
sous forme d'*action* ou sous forme d'*exception*. Elle
doit *nécessairement* et *invinciblement* être exercée
sous forme d'*action*, toutes les fois que c'est avec un
tiers que le procès s'engage ; si au contraire le débat
est soulevé avec une personne tenue à la garantie,
l'acheteur jouit d'un *droit d'option*.

Il peut, s'il le veut, se laisser évincer et réclamer
ensuite le bénéfice de la *stipulatio duplæ* ou bien
opposer, dès le principe, son exception : « *eligere
emptor potest,* (nous dit la loi 17 *de evict,*) utrum
rem velit retinere, intentione per exceptionem elisa :
an potius re ablata ex causa stipulationis duplum
consequi. » On ne pourra pas lui reprocher de ne
pas avoir évité l'éviction, alors qu'il le pouvait. Car
si, en principe, c'est là une cause de dechéance pour
l'acheteur, il ne peut plus en être ainsi, quand il est
évincé par son garant lui-même.

Ce qu'il faut maintenant préciser, c'est *à quelles
personnes*, appartient le recours en garantie, et
contre qui, il peut être dirigé, sous quelque forme
qu'il se produise, soit par voie *d'action*, soit par
voie *d'exception*.

Recours par voie d'action.

Nous devons examiner successivement deux questions en ce qui concerne les bénéficiaires du recours et leurs rapports avec ceux qui y sont soumis.

Par. 1⁰ⁱ.

A qui sont données les actions en garantie ?

Elles sont accordées à l'acheteur et à ses successeurs à titre universel; mais elles n'appartiennent point à ses successeurs à titre particulier, à moins qu'elles n'aient fait l'objet d'une cession spéciale au profit de quelqu'un d'entre eux.

Nous disons que l'action de garantie appartient à l'acheteur; on entend par *acheteur*, non celui qui a fourni les deniers qui ont servi à acquitter la chose, mais celui-là seul qui a contracté, et qui s'est engagé envers le vendeur (1).

Toutefois, pour que l'action puisse être intentée, il faut que l'éviction ait été consommée, que l'acheteur soit lésé, et qu'il ait un intérêt légitime à pour-

____

(1) Loi 6, Code *de rei vind.*

suivre le vendeur. — Mais il n'est pas nécessaire qu'il soit personnellement évincé, si d'ailleurs, il était intéressé à ce que l'éviction n'eût pas lieu. La loi 22, par. 1er, nous fournit l'espèce qui suit : Une femme ayant acheté un fonds, se l'était constitué en dot : Le mariage une fois contracté, le mari fût poursuivi en éviction et condamné à le rendre au véritable propriétaire. La question fût soulevée de savoir si la femme pouvait agir en garantie : la raison de douter venait de ce que ce n'était point l'acheteur qui avait été évincé, mais le mari ; néanmoins Pomponius décide que la femme a pu légitimement agir, parce qu'elle a intérêt à ne pas voir amoindrir sa dot.

Mais que faut-il entendre par *intérêt ?* faut-il un intérêt pécuniaire? faut-il un intérêt né et actuel ? La loi 71 *de evict.* résout la question ; il en résulte qu'un intérêt éventuel, bien plus, un simple intérêt d'affection, permettraient à l'acheteur d'agir en garantie, si son ayant-cause était évincé. L'exemple cité se réfère encore à un cas de dotalité ; Un père a donné à sa fille en dot un fonds de terre : plus tard le mari vient à en être évincé ; la question est de savoir si le père pourra intenter l'action en garantie. Le jurisconsulte Paul, prévoit deux hypothèses : ou bien, la fille étant encore sous la puissance du père, celui-ci doit toujours recouvrer la dot, de quelque manière que la dissolution du mariage arrive ; ou bien, la fille étant émancipée, le père ne doit recouvrer la dot que dans le cas unique de dissolution du mariage par la mort de la femme. Dans la première hypothèse, il y a un intérêt éventuel considéré comme suffisant pour que le père jouisse du bénéfice de l'action ; et même dans la seconde hypothèse, le juriconsulte lui accorde encore le droit d'intenter, soit l'action *ex empto*, soit même l'action *ex stipulatu*. L'intérêt d'affection de la part du père suffit, pour faire prévaloir cette doctrine : « *quod magis paterna affectio inducit.* »

Le droit éventuel à la garantie passe, des mains de l'acheteur, entre celles de ses *héritiers*, comme faisant partie de son patrimoine ; mais chaque héritier ne peut l'exercer que pour sa part héréditaire (1).

Quant aux *successeurs à titre particulier*, ils ne peuvent agir contre le vendeur de leur auteur, qu'autant qu'ils ont obtenu une cession spéciale. C'est ainsi que le légataire évincé ne peut pas se retourner contre le vendeur du testateur, sauf le cas de cession d'action, ou bien encore, le cas de dation de ces actions en gage (1). Cela est d'autant plus remarquable que, s'il est légataire d'un corps certain, il se trouve aussi sans recours contre l'héritier, qui ne lui doit pas garantie, de telle sorte que, l'éviction reste complètement à sa charge.

De ce principe, que l'action en garantie n'est accordée qu'à l'acheteur lui-même, et à ses successeurs

(1) Loi 4. par. 2, *de verb. oblig.*
(1) Loi 59 *de evict.*

universels, ou bien aux cessionnaires de son action, il résulte que, si un objet a été plusieurs fois vendu, le dernier acheteur ne peut agir que contre son vendeur immédiat. L'éviction nécessite donc autant de recours différents, qu'il y a eu d'aliénations de la chose évincée obligeant à garantie, sans qu'on puisse en supprimer un seul.

Par. 2e.

Contre qui peuvent être dirigées les actions en garantie.

Elle peuvent être dirigées d'abord contre le *vendeur*, contre ses *héritiers*, ensuite contre *tous ceux qui tiennent leurs droits de lui*, et qui succèdent à ses obligations.

L'action de garantie s'exerce contre la personne même qui a fait la vente. Si la vente a été faite par un mandataire, le mandant, dans le dernier état du droit, est soumis à l'action *utile ex empto*. La rigueur des principes a fléchi devant les exigences de l'équité et de la pratique. — Si la vente a été faite par un tuteur, l'acheteur évincé aura aussi une action utile contre le pupille (1).

(1) Lol 4 par. 1er *de evict.*

Il nous faut, pour compléter ce chapitre, étudier l'effet de la vente qu'un créancier fait de son gage à une tierce personne. Le créancier gagiste ou hypothécaire, a, par une convention expresse ou par le seul effet du contrat, le droit de vendre la chose affectée à la sûreté de sa créance. S'il use de ce droit, à quelle garantie est-il tenu envers l'acheteur ? La règle varie suivant qu'il a vendu *jure communi* ou *jure pignoris.*

Supposons d'abord que le créancier a vendu la chose *jure communi*, c'est-à-dire, sans déclarer à l'autre partie, qu'il agissait comme créancier gagiste; dans ce cas, il est tenu comme un vendeur ordinaire dont il a joué le rôle, sauf la convention de non-garantie.

La vente faite *jure pignoris*, soulève de graves difficultés. On s'accorde cependant à reconnaître, que le créancier ne répond pas des évictions provenant d'un défaut de droit dans la personne du débiteur (1), par exemple, de ce que le constituant du gage n'en est pas propriétaire. Et alors, loin de devoir des dommages-intérêts à l'acheteur évincé, il n'est pas même obligé à lui rendre le prix.

L'acheteur néanmoins, a le droit d'agir *ex empto* contre son vendeur, qui a déclaré sa qualité de créancier, lorsque celui-ci a commis un dol (2), par

(1) Loi 1 Code *credit. evict. non debere*, 8, 45.
(2) Loi 11, par. 16 *de act. empt.* 19, 1.

exemple, s'il a vendu sachant que la chose n'apparnait pas au débiteur, et lorsqu'il a promis à l'acquéreur de le garantir en cas d'éviction. Sauf ces deux exceptions, le créancier qui a vendu *jure pignoris*, ne répond d'aucune éviction, à moins qu'elle ne provienne d'un défaut de droit dans sa personne, ce qui arrive, lorsqu'il n'avait pas le droit de vendre, soit parcequ'il n'avait pas une créance valable, soit parcequ'il n'avait pas reçu valablement en gage la chose vendue : ou bien, lorsque l'acquéreur est évincé par un créancier hypothécaire dont la créance primait celle de son vendeur.

Cette dernière proposition nous paraît résulter clairement de la phrase qui termine la loi 1, Code lib. 8 tit. 46: « *quoniam hoc utique præstare debet, quipignoris jure vendit, potiorem se cœteris esse creditoribus.* » Telle est du reste l'interprétation que Cujas et Doneau donnent de ces derniers mots du rescrit ; mais cette explication n'a pas satisfait tous les interprètes : il en est, qui ont prétendu trouver une solution contraire à notre proposition dans la loi 11 par. 16 au dig. *de actionib. empti*. Ulpien, a-t-on dit, ne prévoit dans ce texte, que deux hypothèses dans lesquelles le vendeur doit être tenu *ex empto* à raison de son dol ; c'est, quand il a vendu une chose qu'il savait ne pas lui être hypothéquée, ou n'avoir pu appartenir au débiteur lors de la constitution d'hypothèque. Donc, le créancier vendeur n'est aucunement obligé, pour s'affranchir de la garantie, de prouver la supériorité de son droit hypothécaire, par rapport au droit des autres créanciers. Nous ne pouvons adopter cette opinion, d'abord parcequ'elle ne tire du texte d'Ulpien qu'un argument *a contrario*; ensuite, parcequ'elle est contredite formellement par la dernière phrase du rescrit d'Alexandre-Sévère ; enfin parcequ'elle fait retomber sur l'acheteur une éviction dont l'imprudence du vendeur est la seule cause (1).

Il nous reste à rechercher, si le débiteur qui a constitué le gage, peut être attaqué par l'acquéreur évincé? Ce ne peut être par une action directe que l'acheteur peut agir, puisqu'ils n'ont pas contracté ensemble. Mais n'y a-t-il pas pour lui d'autre voie de recours ?

Il a d'abord incontestablement l'action *pignera-titia contraria*, que son créancier doit lui céder. On sait, en effet, que le débiteur, qui a donné en gage la chose d'autrui, peut être poursuivi en dommages-intérêts, par son créancier, au moyen de l'action *pigneratitia contraria* (1). L'acheteur a ensuite, aux termes de la loi 74 dig. *de evict*, l'action *ex empto utilis*, contre le débiteur. Ce texte le décide positivement, pour le cas ou le *pignus judiciale*, saisi par ordre du magistrat, a été vendu. L'acheteur, évincé ne peut recourir *ex empto*, que

(1) V. M. Labbé, de la garantie p. 36 et s.
(1 Loi 38 D. *de evict.*

jusqu'à concurrence du prix, qui a servi à la décharge de ce débiteur. La raison est, qu'il n'y a aucun fait volontaire de sa part ; le gage a été saisi sur lui ; peut être même a-t-il été vendu malgré son opposition. Mais lorsqu'il s'agit d'une vente volontairement faite par le créancier gagiste, comme en définitive, celui-ci n'a fait qu'exécuter la volonté du débiteur, qui a voulu s'assurer du crédit au moyen de cette chose qu'il a présentée comme sienne, le motif qui a dicté la décision d'Hermogénien, cesse d'être applicable ici, et il nous faut déclarer avec Ulpien, loi 24 pr. dig. *de pignerat. act.* que la responsabilité du débiteur, est aussi étendue visà vis de l'acquéreur évincé, que celle d'un vendeur ordinaire, c'est-à-dire, que cet acquéreur, obtiendra la réparation de tout le dommage causé par l'éviction.

Recours par voie d'exception.

Nous avons indiqué plus haut, que ce genre de recours, pouvait être exercé par l'acheteur, soit à l'aide de l'exception de *dol*, soit à l'aide de l'exception *rei venditœ et traditœ.*

Ce dernier moyen fut introduit par le droit prétorien, pour venir en aide aux acquéreurs, dans les cas où ils ne pourraient se servir de l'exception de dol. Cette exception reposant sur la mauvaise foi, devenaît en effet complètement inefficace, lorsque l'acheteur se trouvait en présence d'un revendiquant de bonne foi : car si elle était toujours opposable à celui qui avait vendu ou remis la chose, en un mot à l'auteur de la vente, elle ne l'était pas à ceux qui tenaient leur droit de lui, et qui n'avaient point versé eux-mêmes dans la mauvaise foi.

L'exception *rei venditæ et traditæ* fut donc, dans le principe, introduite en vue de cette dernière hypothèse; mais par suite des extensions nombreuses qu'elle reçut, elle finit par absorber entièrement l'exception de *dol*, et elle put être employée même dans des cas où il n'y avait pas d'obligation, mais où, cependant, l'auteur de l'acte aurait pu être repoussé par *l'exceptio doli*, s'il avait tenté de revendiquer la chose après la tradition effectuée, — par exemple, *le donateur*.

Aussi, dans le droit nouveau, spécialement en ce qui concerne la vente, c'est toujours de *l'exceptio rei venditæ et traditæ* que se prévaut directement l'acheteur poursuivi en éviction par une personne tenue envers lui à la garantie.

Reprenons maintenant les deux questions que nous avons posées en ce qui concerne le recours par voie d'action, et recherchons *à qui* appartient l'exception de garantie, et à *l'encontre de qui* elle peut être invoquée.

Par. 1ᵉʳ.

A qui est donnée l'exception de garantie.

Elle est accordée non-seulement à l'acheteur et à ses successeurs à titre universel, mais encore, à tout successeur particulier, dont la situation, vis à vis de cet acheteur, est telle que celui-ci peut avoir intérêt à ce que cette exception lui profite; la loi 3 *de exceptione rei venditæ et traditæ* dit fort bien: « exceptio rei venditæ et traditæ non tantum ei cui res tradita est, sed successoribus etiam ejus et emptori secundo, etsi res ei non fuerit tradita, proderit ; interest enim emptoris primi, secundo rem non evinci. »

Par. 2ᵉ.

Contre qui peut être invoquée l'exception de garantie?

Elle peut être invoquée non-seulement contre le *vendeur* et ses *successeurs à titre universel*, mais encore contre ceux qui ont succédé à la chose vendue *à titre particulier*. La loi 3 citée *supra*, ajoute en effet dans son par. 1ᵉʳ : « Pari ratione, venditoris

etiam successoribus nocebit, sive in universum jus,
sive in eam duntaxat rem successerint. »

L'exception de garantie peut donc être opposée :

1° *Au Vendeur*, qui ayant vendu la chose d'autrui, la revendiquerait ensuite sous prétexte qu'il en
est devenu propriétaire depuis (1).

2° *A l'héritier du vendeur*, soit qu'il se prétende
propriétaire, *de son chef*, de la chose vendue par
son auteur, soit qu'il prétende que celui-ci était
devenu propriétaire depuis la vente (2).

3° *Au débiteur*, dans le cas de vente d'un gage, et
à l'héritier de ce débiteur (3).

4° *Au successeur particulier du vendeur*, par
exemple à un second acheteur : celui-ci en effet,
bien qu'il ne succède pas aux obligations de son auteur, succède néanmoins à ses droits, et il ne peut
en avoir plus que lui : «*nemo plus juris ad alium
transferre potest quam quod ipse habet.* »

5° *Au Fidéjusseur du vendeur* : il s'est, en
effet, lui aussi, obligé à la garantie ; il s'est constitué
auctor secundus. Cette qualité s'oppose à ce qu'il
vienne (4) inquiéter l'acheteur, et troubler une possession qu'il a promis de maintenir. Son obligation

(1) Loi 1 pr. *de except. rei vend. et trod.* — Loi 17 *de evict.*
(3) Loi 73 *de evict.*
(2) Loi 13 *de evict.*
(4) Loi 4 pr. *de evict.*

passe, d'après les principes du droit commun, à ses héritiers, qui pourraient aussi être repoussés par l'exception, s'ils tentaient d'apporter des entraves à la jouissance de l'acheteur (1).

CHAPITRE IV.

Quels sont les effets du recours en garantie.

Le recours qui naît de l'éviction dans la vente n'est point mis en mouvement à l'aide d'une procédure unique, marchant à un but déterminé par une seule et même voie.

L'acheteur trouve au contraire devant lui deux actions aussi différentes au point de vue de leur origine et de lenr nature, qu'au point de vue de leurs conditions d'exercice et des effets qu'elles produisent.

Ce sont d'une part l'action *ex empto*, et d'autre part l'action *ex stipulatu*.

L'action *ex empto*, est celle qui est donnée à l'acheteur, pour obtenir l'exécution par le vendeur, de toutes les obligations qu'il a contractées par la vente. — Voilà son objet général : lorsqu'elle est intentée

(1) Loi 31, Code *de evict.* — Loi 73 *de evict.*

evictionis nomine, ce n'est là qu'une de ses applications particulières, bien que des plus importantes.

L'action *ex stipulatu duplæ*, prend son origine dans la stipulation, par laquelle le vendeur promet le double à l'acheteur pour le cas d'éviction. Cette stipulation, usitée d'ailleurs dans plusieurs autres contrats, eût cependant toujours une prépondérance toute particulière en matière de vente.

Telles sont les deux actions qui sont accordées à l'acheteur menacé du péril de l'éviction : la première, *action de bonne foi*, dans laquelle le juge peut suppléer tout ce qu'exigent l'usage et l'équité ; la seconde au contraire, *action* essentiellement *de droit strict*, dans laquelle le juge doit s'en tenir à la rigueur des formules, appliquer à la lettre la convention des parties, vérifier enfin si l'éviction a été réalisée dans le sens le plus précis et le plus étroit du mot ; différences donc au point de vue de l'origine et au point de vue de la nature.

Ces deux actions diffèrent encore davantage, s'il est possible, quand on les considère sous le rapport de leurs effets et du but qu'elles doivent atteindre.

L'action *ex stipulatu* a pour objet une quantité certaine : la condamnation qu'elle doit nécessairement amener, est fixe et invariable : c'est la somme telle qu'elle a été stipulée le jour même de la vente. — L'objet de l'action *ex empto* est au contraire indéterminé dans son *quantum* ; dans l'évaluation de la chose où du droit évincé, on prend pour base la valeur au moment de l'éviction ; on apprécie le préjudice éprouvé ou le gain empêché ; car c'est là la valeur dont l'acheteur évincé se trouve véritablement privé ; mais aussi de cette manière, la condamnation doit nécessairement se plier à toute la variété d'appréciation que peuvent présenter les dommages-intérêts.

Ajoutons à ces différences cette considération que la *stipulatio duplæ* n'était pas usitée à l'égard des choses de peu de valeur, *res simplariæ* (1), au lieu que l'action *ex empto*, pouvait être intentée dans tous les cas où il s'agissait de réprimer une atteinte portée injustement aux principes de l'équité ou aux exigences de la coutume.

Ce parallèle a dû faire pressentir la nécessité où nous allons nous trouver d'envisager séparément les effets du recours en garantie, suivant qu'il s'exerce au moyen de l'action *ex empto*, ou de l'action *ex stipulatu*..

Par. 1er.

Effets de l'action ex empto.

Nous avons déjà fait connaître la nature de l'action *ex empto :* c'est une action de bonne foi qui est

______

(1) Loi 48, par. 8 *de œdil. edict.*

la sanction générale de toutes les obligations résultant de la vente. Or, le fait même de l'éviction, démontre assez l'inaccomplissement par le vendeur de l'un de ses devoirs les plus rigoureux, celui de faire avoir la chose; et l'acheteur, n'obtenant plus une exécution effective de l'obligation sur laquelle il avait dû légitimement compter, a droit à des dommages-intérêts, qui seront pour lui la représentation des avantages que lui aurait procurés la possession de la chose. *L'effet de la garantie par l'action ex empto, c'est donc de faire obtenir à l'acheteur la réparation du dommage que lui cause l'éviction.* Dans l'évaluation de ce dommage, on prend pour base, non pas le montant du prix de vente, mais la valeur de la chose ou du droit évincé au moment même du dessaisissement; car c'est véritablement de cette valeur que l'acheteur se trouve privé; il en résulte que les dommages-intérêts dus par le vendeur, seront tantôt supérieurs au prix de vente, si la chose a augmenté de valeur, tantôt, au contraire, inférieurs à ce prix, si la chose a été détériorée, ou bien a subi quelque dépréciation depuis le contrat.

Ces idées étaient unanimement acceptées, et tous les auteurs entendaient en ce sens les lois 60 et 70 *de evict.*, ainsi que la loi 43 *de action. emp.*, lorsque Dumoulin *(tractatus de eo quod interest,* numéros 68, 69, 147), et après lui, Pothier *(traité de la vente,* n° 69), vinrent présenter une doctrine différente qu'il importe de discuter ici. — D'après ces deux éminents jurisconsultes, il est inexact de limiter l'objet de la garantie à une réparation de préjudice; cet objet est double et comprend deux chefs bien distincts : le premier est fixe et invariable, il a pour objet la restitution du prix qui doit toujours être ordonnée, quelle que soit la diminution survenue dans la valeur de la chose; Dumoulin l'appelle en conséquence *caput perpetuum*. — Le second, qu'il appelle *casuale*, a pour objet les dommages-intérêts, et il est en conséquence fort variable, à la différence du premier, non seulement quant à la somme qu'il peut comprendre, mais encore en ce sens qu'il résulte de l'action ou qu'il en disparaît entièrement, suivant que le préjudice éprouvé par l'acheteur est, ou non, supérieur au prix.

Cette théorie s'appuie à la fois sur des considérations d'équité, sur les principes généraux du droit, et sur des textes spéciaux contenus au digeste, soit au titre *de actionibus empti*, soit au titre *de evictionibus*.

Tout d'abord, Dumoulin invoque, avec l'énergie qui lui est habituelle, le sens commun et l'équité. D'après lui, à ce point de vue, l'acheteur doit toujours avoir le droit de répéter intégralement le prix qu'il a payé; il serait souverainement injuste que le lucre appartînt à celui qui, n'étant pas propriétaire, *a trompé* son acheteur, tandis que la victime de sa

fourberie supporterait tout le poids du préjudice :
« Et hoc etiam ipsa naturalis justitia, sensusque
communis dictant.....Cur tu, cum non esses dominus nilque juris haberes, lucraberis dimidiam par-
tem pecuniæ meæ, cum jactura mea, prætextu de-
teriorationis etiam causalis? Cur qui non dominus
et alium decipit versabitur in lucro, deceptus vero
in damno ? Cur non potius, tanquam tota re evicta,
totum pretium non repetam...? Ut nos ex vero sensu
legum et viva equitate sentimus et evicimus. »
Voilà pour les raisons d'équité.

Pothier, invoquant à son tour les principes généraux, trouve la base du droit de l'acheteur à la répétition intégrale du prix, malgré la dépréciation de la
chose, dans la résolution qu'il fait résulter de l'éviction, en vertu de ce principe que tous les contrats
commutatifs et synallagmatiques, tel qu'est le contrat de vente, sont soumis à une condition résolutoire tacite, pour le cas où l'une des parties manque-
rait à ses engagements. D'après lui cette condition
se trouve réalisée par le fait même de l'éviction.
L'acheteur, en effet, ne conservant plus la possession irrévocable sur laquelle il devait compter, le
vendeur a failli à la plus importante de ses obligations : celle de maintenir la jouissance de son acheteur à l'abri de toute atteinte. Or, si la vente est
résolue, le prix ne doit plus rester entre les mains
du vendeur, pour aucune partie, car il y resterait

sans cause ; il peut donc toujours être répété en entier au moyen de la *condictio sine causa*.

Enfin la doctrine, que nous exposons, s'appuie sur les lois 60, 70, 74 *de evict.;* elle s'appuie encore et surtout sur la loi 43 *de act. empt.* — La loi 60 dit que l'action est donnée *in simplum* : in hoc quod interest ; la loi 70 qu'elle est accordée : non ad pretium duntaxat recipiendum, sed ad id quod interest ; mais cette loi ajoute : « ergo et si minor esse cœpit, damnum emptoris erit. »

Dumoulin et Pothier voient dans ces lois la justification de la distinction qu'ils établissent entre le *prix* et les *dommages-intérêts*. Le prix, toujours dû, *perpetuum*, les dommages-intérêts, dûs éventuellement seulement, *casuale*. Le texte de la loi 70 in fine semble, il est vrai, repousser la doctrine de ces auteurs ; mais Dumoulin répond que ces termes (*damnum emptoris erit*) ne se refèrent pas *ad pretium recipiendum* , le prix devant toujours être restitué en entier en cas d'éviction, mais qu'ils se refèrent seulement *ad id quod interest emptoris ;* car de même que ce *id quod interest emptoris non habere licere*, augmente à mesure que la chose augmente en valeur, de même il diminue et se réduit à rien lorsque la chose diminue de valeur ; et en ce sens, *si res minor esse cœpit, damnum emptoris est.* (Pothier, *vente* n° 69.)

La théorie que nous exposons invoque aussi la

loi 74 par. 1 *de evict*, qui s'exprime ainsi: « Si jussu
« judicis rei judicatæ pignus captum per officium
« distrahatur, post evincatur, ex empto contra eum,
« qui pretio liberatus est, non quanti interest, sed
« de pretio duntaxat ejusque usuris, habita ratione
« fructuum dabitur : scilicet si hos ei cui evicit res-
« tituere non habebat necesse. »

Cette loi semble en effet, distinguer nettement le
prix de ce qui a trait aux dommages-intérêts : l'acheteur évincé obtient pour le prix un recours qui lui
est refusé en ce qui concerne le *id quod interest*.

Enfin nos deux jurisconsultes croient surtout voir
la pleine et entière justification de leur doctrine dans
la loi 43 *de act. empt.* qui prévoyant le cas ou
l'acheteur aurait fait des dépenses pour instruire
l'esclave dont il est évincé, donne la décision suivante : « de sumptibus vero, quos in erudiendum
« hominem emptor fecit, videndum est: nam empti
« judicium ad eam quoque speciem sufficere exis-
« timo : *non enim pretium continet tantum sed*
« *omne quod interest* emptoris servum non
« evinci. »

Ces derniers mots paraissent confirmer la distinction précédemment affirmée entre le *prix* et
les *dommages-intérêts*. — Dans ce système, cette
loi doit être interprétée de la manière suivante :
l'action ne contient pas seulement la restitution du
prix (*restitution qui est toujours due*), mais de

plus les dommages et intérêts, pour le préjudice souffert par l'acheteur. C'est là, au reste, la manière dont Pothier entend les autres lois qui emploient des expressions analogues.

Nous ne saurions nous associer à cette théorie, quelque spécieuse quelle puisse paraître : elle est, en effet, manifestement contraire tant aux principes généraux du droit qu'aux solutions spéciales admises dans notre matière : et, si nous ne nous trompons, les textes même qu'elle invoque, pris dans leur sens naturel et logique, se retournent contre elle et la proscrivent entièrement.

Tout d'abord la raison d'équité, invoquée par Dumoulin, prise dans ses termes même, ne peut s'appliquer qu'au vendeur de mauvaise foi; lui seul, en effet, trompe l'acheteur. Quant au vendeur de bonne foi, on ne peut avoir, tout au plus, qu'une faute légère à lui reprocher, si même elle ne disparaît pas complètement dans bien des cas; et cette faute n'est pas suffisante pour légitimer la position qu'on vient lui créer, en élevant d'une part son obligation à tout le montant de la plus value, et en refusant d'autre part de la réduire à la valeur exacte de la chose, abstraction faite du prix, en cas de dépréciation. Le motif de Dumoulin n'est donc point absolument exact, et encore moins d'une application générale.

La raison de droit donnée peut être aussi très

justement critiquée; cet auteur suppose, en effet,
sous entendue dans la vente la condition résolutoire
pour inexécution des obligations; or, une pareille
idée ne saurait être admise en droit romain, où
jamais cette condition n'était sous entendue dans les
contrats synallagmatiques.

D'ailleurs, comment peut-on dire que la vente est
résolue lorsque l'acheteur exerce son recours à raison
de l'éviction? N'est-ce pas plus tôt en ce moment
que le contrat est fort et efficace? Son existence est-
elle jamais plus manifeste et plus active que lorsqu'il
produit l'obligation de garantie qui est la base même
et le fondement de la vente *robur et auctoritas*
ainsi que le dit fort bien Cujas?

Quand le vendeur a livré la chose exempte de
vices, la seule obligation qui lui incombe, c'est de
garantir de l'éviction; or, c'est précisément l'exécution de cette obligation que le recours de l'acheteur
a pour but d'atteindre. Cette prétendue résolution
du contrat, au moment où il produit un de ses principaux effets, un effet qui est même seul dans le cas
de vente *a non domino*, ne peut donc pas se soutenir; aussi, Pothier, qui s'en fait une arme en faveur de son système dans la question qui nous occupe, l'abandonne-t-il bientôt après, pour mettre à
la charge de l'acheteur évincé la perte partielle, en
promettant au vendeur de retenir dans ce cas une
partie du prix, proportionnelle à la perte. Il recon-

naît donc que malgré l'éviction, le contrat n'est véritablement pas résolu.

Que reste-t-il maintenant ? Il reste ce principe certain et incontestable en matière de vente, suivant lequel la chose vendue est aux risques et périls de l'acheteur, qui doit supporter la diminution de valeur, de même qu'il profite de la plus-value. La doctrine, que nous combattons, aurait, au contraire, pour résultat de lui ouvrir un recours supérieur à la perte éprouvée, de telle sorte que l'éviction pourrait devenir une circonstance heureuse pour lui, puisqu'il serait toujours sûr d'obtenir le prix originairement déboursé. Il faut donc la repousser et dire avec Domat (*lois civiles, ventes*, section X, n° 14) : que dans le cas où la valeur de la chose au temps de l'éviction est inférieure au prix de vente « l'acheteur ne peut que recouvrer la valeur présente lorsqu'il est évincé ; car ce n'est qu'en cette valeur présente que consiste la perte qu'il souffre ; et, comme la diminution qui avait précédé le regarderait, il ne doit pas profiter de l'éviction. »

Nous devons maintenant apprécier la valeur des lois spéciales, qui nous sont opposées, et voir si elles sont en harmonie avec les autres décisions contenues à notre titre.

La loi 60, parle bien, il est vrai, du prix et des dommages-intérêts ; mais ce que l'on n'y trouve pas, c'est une distinction nette et précise de ces deux chefs, au point de l'action *ex empto*. Cette distinction ne résulte pas d'avantage de la loi 74 *de evict*. Cette loi a en vue une hypothèse particulière, le recours de l'acheteur évincé contre le débiteur dans la vente du *pignus judiciale*, et elle limite très-justement ce recours au prix qui a servi à libérer le débiteur. Celui-ci en effet, n'étant pas un vendeur, ne peut pas être tenu au-delà du prix.

Nos adversaires insistent et nous opposent la loi 43 *de act. empt.*, au chef où elle dit que l'action *non pretium continet tantum, sed omne quod interest*. Nous repondrons que ces termes n'ont point la portée qu'on veut leur donner; l'hypothèse prévue, est celle où des améliorations ont été faites à la chose et le jurisconsulte décide avec raison qu'il ne suffit pas de rendre le prix, mais qu'il faut aussi indemniser l'acheteur.

On ne peut plier cette loi dans le sens du système combattu qu'en torturant le texte et en dénaturant sa portée; encore même ne peut-on pas arriver à en faire sortir une proposition quelconque, établissant nettement la distinction cherchée, il faudrait, en effet, citer une décision, déclarant que malgré la diminution de valeur de la chose, l'acheteur pourra toujours répéter le prix. Or, la loi 43, pr. *de act. empt.* dit, au contraire, *minuitur præstatio si servus apud emptorem deterior effectus sit*.

La loi 70 *de evict*, après cette première solution

invoquée par Dumoulin, « *evicta re, ex empto actio non ad pretium duntaxat recipiendum, sed ad id quod interest competit,* » ajoute immédiatement la conséquence qu'il faut en tirer « *ergo et si minor esse cœpit, damnum emptoris erit.* » C'est à tort que Dumoulin et Pothier ne veulent appliquer ces derniers mots qu'aux dommages-intérêts : cette distinction subtile est nettement repoussée par le sens naturel de la loi, aussi bien que par le principe général, en vertu duquel l'acheteur doit subir les détériorations, de même qu'il profite des accroissements. — S'il obtient en effet toujours et invariablement la restitution du prix déboursé, il ne sera jamais en perte, il pourra tout au plus manquer de faire un gain.

La loi 23, Code *de evict*, précise parfaitement l'objet unique de l'action *ex empto*, en reproduisant un rescrit adressé à un vendeur évincé : « *quanti tua interest rem evictam non esse teneri, non quantum pretii nomine dedisti, si aliud non placuit, publice notum est.* » Pothier cherche en vain à protéger sa doctrine contre la réprobation qui résulte expressément de notre texte en disant qu'on doit l'entendre comme s'il y avait : « *non solum quantum pretii.* » C'est là une correction arbitraire qui ne saurait la sauver, et qui prouve, au contraire, sa fausseté.

On peut ajouter à tous ces arguments la loi 66, par.

3 *de evict*, qui détermine ainsi le recours d'un co-partageant évincé : « ut quanti sua interest actor consequatur ; scilicet ut melioris aut deterioris agri facti causa, finem 'pretii quo fuerat tempore divisionis œstimatus, deminuat vel excedat. » En effet, le 'recours du co partageant, en droit romain, est régi par les mêmes principes que celui du vendeur. Pothier, lui-même, après l'avoir nié dans la fin du n° 63, le reconnait expressément dans le n° 631 de son *traité de la vente*.

Nous admettons donc comme effet unique et comme seul chef de l'action ex empto, la réparation du préjudice éprouvé par l'acheteur évincé : Si donc la chose se trouve détériorée ou diminuée de valeur ou si elle a péri en partie, la perte est à sa charge, et il ne peut réclamer que la valeur de la chose au moment de l'éviction, bien que cette valeur soit inférieure au prix qu'il a payé; si, au contraire, elle est supérieure, il devra être indemnisé complètement, et son action s'étendra *ad omne quod interest*, sans pouvoir être limitée au prix d'achat.

Ce n'est pas seulement l'augmentation de la chose elle-même, telle qu'elle a été vendue, qu'il faut prendre en considération pour fixer les dommages-intérêts; il faut y joindre l'accroissement, les accessoires et les produits dont l'acheteur se trouve en même temps dépouillé; ainsi, il faut comprendre dans l'estimation, l'alluvion qui augmente le fond, l'usufruit qui est venu se joindre à la nue-propriété depuis la vente, le part de l'esclave… (1).

On doit encose faire rentrer dans le *id quod interest*, la restitution des fruits que l'acheteur a été obligé de faire au revendiquant. Mais il ne s'agit pas des fruits perçus depuis la *litis contestatio ;* quant à ceux qu'il a recueillis avant cette époque, ils sont définitivement à lui, pourvu qu'il ait été de bonne foi jusqu'au procès et qu'il les ait consommés (2).

Occupons-nous maintenant des dépenses que l'acheteur peut avoir faites, soit pour la conservation, soit pour l'amélioration de la chose vendue. Les premières qui sont nécessaires, sans lesquelles la chose aurait péri, sont toujours remboursées par le propriétaire.

Quid pour les secondes? Nous avons déjà dit que les améliorations naturelles, comme l'alluvion, les parts étaient à la charge de l'auteur. Quelle solution donner pour les améliorations artificielles? c'est-à-dire celles qui ont été faites par le possesseur. Il faut répondr que selon le principe *nemo debet fieri locupletior alterius detrimento*, le revendiquant doit rendre à l'acheteur, le prix des dépenses qui ont amélioré la chose, dans la limite de la plus-

(1) Loi 8, l. 16, loi 51, par. 3 de evict.
(2) Loi 62, par. 1er, de rei vendicat.

value qu'elles ont produite, ou de la somme qu'il y
a employée, si elle est moindre que la plus-value.
Mais l'acheteur doit avoir été de bonne foi au moment de ces dépenses; si donc, il les a faites après la
litis contestatio, c'est-à-dire à une époque où il
savait évidemment que la chose ne lui appartenait
pas, nous lui refuserons avec Ulpien, le recouvrement que Julien penchait à lui accorder. Son droit
se bornera à enlever ce qui est susceptible de l'être,
sans dommage pour le fonds. C'est la seule chose
aussi qu'il puisse exiger, même quand il a été de
bonne foi, dans le cas où le revendiquant, vu sa
pauvreté, ne pourrait pas acquitter les dépenses, et
où il serait trop dur de l'empêcher de recouvrer sa
chose à laquelle le rattachent des liens d'affection et
des souvenirs de famille (1).

En règle générale donc, l'acheteur ne peut pas
réclamer au vendeur les dépenses qui ont été faites
pour l'amélioration. Il y a cependant une restriction
à apporter à ce principe général : nous lisons, en
effet, dans la loi 45, par. 1er *dig. de act. empt.*,
« que si l'esclave est revendiqué en servitude, et non
en liberté, le maître doit le salaire et les dépenses. »
D'où nous concluons que, si l'éviction se fait pour
la liberté, c'est toujours le vendeur qui doit les frais
nécessités par l'instruction de l'esclave, puisque
dans ce cas, il n'y a pas de maître à qui l'acheteur
puisse s'adresser.

(1) Loi 27, par. 5 de rei vindicatione.

L'acheteur ne peut pas réclamer par une action contre celui qui l'évince, les depenses d'amélioration; il n'a à sa disposition qu'une exception qu'il oppose à la revendication du propriétaire, jusqu'à ce qu'il soit remboursé. Lorsqu'il y a à la fois des fruits perçus et gagnés par l'acheteur avant la *litis contestatio*, et des dépenses qu'il réclame par l'exception de de dol, il s'établit une compensation, et c'est seulement l'excédant des dépenses sur les fruits qui doit être remboursé par le propriétaire; de cette manière, l'acheteur tient compte de ce que la possession de la chose lui a fait gagner, de même qu'il répète ce qu'il a dépensé pour elle (1).

Si l'acheteur avait négligé d'opposer l'exception au propriétaire de la chose, il ne pourrait plus demander à son auteur le remboursement qui aurait dû lui être fait par le revendiquant. Mais s'il n'a rien pu obtenir du propriétaire, bien qu'il lui ait opposé l'exception, ou s'il n'en a obtenu qu'une partie de la somme déboursée, ou encore si les dépenses ont été compensées avec les fruits, l'acheteur, pourra répéter contre son vendeur leur acquittement total ou complémentaire, mais toujours dans la limite de la plus-value, car la perte qui excède cette plus-value ne provient pas de l'éviction. De même, si l'acheteur ayant perdu, sans sa faute, la possession du fonds, n'a pas pu se servir contre le propriétaire de l'exception de dol, il pourra se retourner contre son

____
(1) Loi 48 *de rei vindicatione.*

garant. Mais celui-ci ne sera pas tenu d'indemniser
complètement son acheteur, si la plus-value est
immense, et telle que le vendeur n'ait jamais pu
penser à une somme si considérable ; on a décidé
que l'obligation du vendeur ne pourrait pas dépasser
le double du prix de vente (1).

Toutefois ce tempéramment ne s'applique qu'au
vendeur de bonne foi. Celui qui a vendu sciemment
la chose d'autrui est censé avoir accepté tous les
risques et périls qu'entraîne tout acte frauduleux.
Il ne pourra pas invoquer la limitation du double, et
sera tenu à l'infini de la plus-value. Il ne sera pas
non plus admis à reprocher à l'acheteur d'avoir omis
l'exception de dol, au moyen de laquelle il pouvait
réclamer ses dépenses au revendiquant (2).

Il faut encore renfermer dans le *id quod interest*,
les *impensas litis*, parce que c'est un dommage
résultant de l'éviction (3). Mais si l'acheteur avait
triomphé de son adversaire, il ne pourrait pas réclamer à son vendeur les frais du procès, par la raison
qu'il n'y a pas eu éviction (4).

Voilà donc en quoi se résout ordinairement l'action *ex empto*. N'y a-t-il point cependant des cas où
elle aboutira par exception à une restitution pure et
simple du prix ? C'est ce qui arrivera, selon Cujas,

(1) Loi 43 de act. empt.
(2) Loi 45 par. 1 *de act. empt.*
(3) Loi 17, Code de evict. — Loi 15, D , de doli mali....
(4) Loi 18, Code de evict.

dans le cas où l'acheteur a l'action *ex empto*, quand il est évincé d'une chose qui ne saurait être estimée, comme le patronat et les droits qu'il engendre (1). Dans cette hypothèse, le prix sert à déterminer l'intérêt de l'acheteur, puisqu'il ne peut être estimé autrement; de même le vendeur ne devra que le prix, si les parties sont convenues que le vendeur n'aurait rien à fournir à l'acheteur du chef de l'éviction (2).

Le vendeur poursuivi en garantie par l'acheteur, n'a pas le droit de le repousser en lui offrant la chose même qui a été évincée, car il faut de plus qu'il l'indemnise du dommage que l'éviction lui a fait éprouver ; mais s'il offre en même temps cette indemnité, il peut repousser par l'exception de dol l'action *judicati* de l'acheteur (3).

En cas d'éviction partielle, on observe les mêmes règles que s'il s'agissait d'une éviction totale, en ce qui concerne les dommages-intérêts et l'estimation de la partie évincée : toutefois, il faut distinguer si l'éviction atteint une partie intellectuelle de la chose (*pars pro indiviso*), ou si, au contraire, elle a pour òbjet une partie matérielle formant un corps déterminé (*pars pro diviso, — certus locus*) : dans le premier cas, on devra fixer le chiffre des dommages et intérêts, en prenant pour base la quote-part correspondante à la valeur de la chose entière « *pro*

(1) Loi 5, præsor. verb. — Loi 126, de regul juris.
(2) Loi 11, par. 18, de act. empt.
(3) Loi 67, de evict.

6

quantitate evictœ partis »; une part indivise ne forme pas, en effet, un corps ayant des qualités susceptibles d'estimation, ce n'est qu'une quantité; — dans le second cas, c'est la valeur de la partie matérielle, enlevée par l'éviction et considérée séparément, qui sera due, « *pro bonitate loci erit regressus.* » (1).

Quand c'est un usufruit qui tombe sous le coup de l'éviction, l'estimation porte naturellement sur les fruits que la chose produit : *pro bonitate fructuum*.

Si c'est simplement un accessoire ou un reste de la chose que l'éviction a frappé, on se reporte, pour en apprécier la valeur, au moment même de l'éviction.

Par. 2e.

Effets de l'action ex stipulatu.

L'action *ex stipulatu* a pour objet une quantité certaine, une somme fixe et invariablement déterminée à l'avance; elle constitue un véritable forfait dans lequel on prend exclusivement pour base, d'une part, le prix de vente, et d'autre part, la chose telle qu'elle était à l'époque du contrat, sans tenir

(1) Loi 1, de evict.

compte ni des augmentations , ni des amoindrisse-
ments qui ont pu survenir depuis. L'acheteur doit
toujours obtenir l'intégralité de la somme promise;
mais en même temps il ne doit rien obtenir au-delà.
Si donc, à raison d'une éviction partielle, il a déjà
obtenu une portion de cette somme , il n'aura droit
qu'à un complément dans le cas où par la suite il
viendrait à être évincé de la totalité.

L'action *ex stipulatu* ne se donne que lorsque les
termes de la stipulation sont rigoureusement accomplis ; elle est accordée en cas d'éviction de la
totalité ou d'une partie homogène de la chose, ou
bien encore de l'usufruit : mais, à moins de convention spéciale, on ne peut l'intenter en cas d'éviction
d'une partie hétérogène, ou d'un simple accessoire
de l'objet vendu (1).

La stipulation étant une convention intervenue
entre les parties, n'a d'autres limites que leur volonté. La règle, qui fixe au double le maximum des
dommages et intérêts obtenus par l'action *empti*, est
ici sans application. Le même motif d'équité n'existe
plus ; en effet, par cela même que le vendeur a promis d'avance le quadruple, il est prouvé qu'il a pu
prévoir un dommage se montant au quadruple du
prix. Il ne faut donc pas, ainsi que l'a fait Noodt,
transporter dans cette matière un principe qui est
particulier à l'action *empti*. Les écrits des juriscon-

(1) Lois 36, 42, 43, 56, par. 2, de evict.

sultés romains font foi que la stipulation était quelquefois du triple et même du quadruple (1).

Si un fonds a été vendu à tant l'arpent, il y a autant de ventes que d'arpents, et, en cas d'éviction, on doublera le prix de chacun d'eux sans avoir égard à leur qualité (2).

Si c'est un usufruit qui a été évincé, une estimation devient nécessaire, puisque la proportion pour laquelle l'usufruit entre dans le prix n'est pas déterminée à l'avance. L'évaluation se fait en prenant pour base le produit annuel : « *pro bonitate fructuum estimatio facienda est.* »

En cas d'éviction partielle, il faut distinguer comme pour l'exercice de l'action *ex empto*, si l'éviction porte sur une partie aliquote (*pars pro indiviso*), comme un tiers, un quart, ou si, au contraire, elle a pour objet une partie déterminée (*pars pro diviso).*

Dans la première hypothèse, aucune estimation n'est nécessaire ; la quantité enlevée à l'acheteur lui donne droit à une quantité égale de la *stipulatio duplæ.*

Dans la seconde, au contraire (éviction d'une *pars pro diviso*), le recours n'a plus lieu *pro quantitate evictæ partis*, mais *pro bonitate loci* (3).

(1) Lois 55 et 66 de evict.
(2) Loi 63, pr. de evict.
(3) Lois 1, 13, 14 de evict.

L'évaluation doit être basée sur l'état du fond à l'époque de la vente : on ne doit jamais tenir compte des augmentations ni de la dépréciation qui peuvent être le résultat du temps ou des faits de l'acheteur. On ne prend pas davantage en considération les accessoires qui ont pu se produire, par exemple, par l'effet de l'alluvion.

Que s'il y a eu, non plus seulement une dépréciation, mais une *perte partielle*, devra-t-on également ne point en tenir compte, en assimilant cette perte à une simple détérioration de la chose ? — Ou bien, au contraire, devra-t-on décider que l'action se trouve réduite par la perte partielle, de même qu'elle est complètement anéantie en cas de perte totale ?

Il y a lieu d'établir ici une distinction : ou bien l'*éviction* elle-même est simplement *partielle*, et alors on doit tenir compte de la perte. Le recours de l'acheteur est diminué d'autant, et la perte partielle reste à sa charge ; cette solution est en harmonie avec le principe d'après lequel le vendeur est complètement libéré par la perte entière de la chose ; — ou bien, il s'agit d'une *éviction totale*, et alors le vendeur est toujours tenu du double, sans qu'il y ait lieu à aucune déduction. Dans cette hypothèse, la perte partielle est assimilée aux simples dégradations (1).

(1) Loi 64, *ex mille, de evict.*

L'opposition évidente de ces deux décisions d'après lesquelles la perte partielle est assimilée dans un cas à la perte totale, tandis que dans l'autre elle est placée au même rang que les autres détériorations, est assez difficile à justifier : La seule raison que l'on puisse en apporter paraît être celle-ci, empruntée à Dumoulin : c'est que lorsque la stipulation est rendue exigible pour partie seulement, la justice exige que cette partie soit limitée à ce qui a été réellement enlevé à l'acheteur. Au contraire, quand l'éviction a porté sur le fonds entier, la stipulation ouverte pour le tout, ne peut être soumise à aucune déduction, (Dumoulin, *tractatus de eo quod interest*, numéros 113 et 117).

CHAPITRE V.

*Dans quels cas l'obligation de garantie cesse-
t-elle d'être imposée au vendeur.*

Cette obligation peut cesser soit en vertu de la convention des parties, soit en dehors de toute convention, à raison de la nature même de la chose vendue,
ou bien à raison de certaines circonstances de fait.
Parmi ces circonstances, les unes s'appliquent à la
chose même, objet du contrat, les autres sont purement personnelles à l'acheteur.

Nous avons déjà démontré que les parties peuvent
déroger par des stipulations particulières à l'obligation de garantie, soit d'une manière générale, soit
pour certains cas déterminés d'éviction. Les clauses
de ce genre nous ont paru avoir pour effet d'affranchir le vendeur de toute responsabilité, dans les
limites fixées par la convention, non-seulement
quant aux dommages-intérêts, mais encore, quant à
la répétition du prix. Nous n'avons pas à y revenir.

En l'absence de toute convention, la garantie peut

encore cesser à raison de la *nature même de la chose vendue*; ainsi, aucune obligation de ce genre n'existe dans les emptiones rei et rei speratæ (loi 11-12 *de hæredit. vendit*, loi 11 par. 18 *de act empt.*)

Dans les ventes qui ont pour objet un ensemble de choses indéterminé, *universitates incertæ*, par exemple, une hérédité, un pécule, le vendeur n'est pas non plus garant de l'éviction des objets particuliers, à moins qu'il n'ait fait une déclaration indiquant nommement l'objet évincé comme faisant partie de l'universalité vendue.

La garantie peut enfin cesser à raison de circonstances de fait, s'appliquant soit à la chose elle même, objet du contrat, soit à la personne de l'un des contractants.

C'est ainsi que la perte totale et fortuite de la chose rend l'éviction impossible et exclut conséquemment l'obligation de garantie (loi 21 pr. de evict); toutefois le vendeur pourrait être poursuivi en dommages et intérêts, s'il s'était rendu coupable de dol, *de dolo tamen poterit agi, si dolum intercesseret.*

De même l'acheteur n'a pas d'action lorsqu'il a su à l'époque du contrat, que la chose n'appartenait pas au vendeur ; en un mot, la connaissance, par l'acheteur, du danger de l'éviction, le rend non recevable à diriger un recours contre son vendeur, à moins qu'il n'ait eu soin de se faire promettre expressément la garantie (1); peu importe la manière dont l'acheteur a su que la chose appartenait à autrui : il n'est point nécessaire qu'il l'ait appris par la déclaration du vendeur lui-même, les textes exigent simplement qu'il ait acheté *sciemment* la chose d'autrui.

Mais quelle est la portée de la déchéance qui résulte de cette *science de l'acheteur*? Tout le monde est d'accord pour admettre qu'il ne pourra réclamer aucuns dommages-intérêts. Le dissentiment commence en ce qui concerne le prix de vente qu'il a payé. Les uns lui accordent le droit de répéter ce prix, les autres le lui refusent. La difficulté roule sur le texte de la loi 27 au Code *de evict.* qui est ainsi conçue : « Si fundum sciens alienum vel obli-
« gatum comparavit athenocles, neque quicquam
« de evictione convenit : *quid eo nomine dedit,*
« contra juris poscit rationem. Nam si ignorans,
« desiderio tuo juris forma negantis hoc reddi refra-
« gatur. »

Ceux qui prétendent que l'acheteur, même de mauvaise foi, peut toujours répéter le prix de vente, soutiennent que la seule réclamation qui lui soit interdite, est celle qui aurait trait aux dépenses occa-

____

(1) Loi 4 par. 5 de doli mali et metus exceptione.

sionnées par l'éviction. Ils font rapporter le *quod eo nomine dedit* au membre de phrase précédent, et ils interprètent ainsi : *quod evictionis nomine dedit*. Or, disent-ils, si le prix a été payé, c'est en vertu du contrat de vente lui-même ; ce n'est point une dépense naissant de l'éviction, *evictionis nomine* : la répétition n'en est donc pas interdite par la loi 27.

Pour nous, nous pensons que cette doctrine doit être repoussée, et nous croyons que l'acheteur ne peut pas plus réclamer le prix de vente, que les dommages-intérêts. La prohibition de la loi 27 est générale, il suffit de la lire pour s'en convaincre ; l'acheteur de mauvaise foi, *Athenocles*, qui a acquis le fonds appartenant ou obligé à autrui, sans aucune stipulation relative à l'éviction, ne peut rien obtenir de ce qu'il a déboursé à l'occasion de ce fonds (*quod eo nomine dedit*). Cette dernière interprétation est la plus naturelle de toutes, et résulte clairement de la construction même de la phrase. C'est l'idée d'une prohibition générale que révèle nécessairement le texte.

Notre solution est d'ailleurs confirmée par la loi 7 au code *communia utriusque judicii*. Voici l'espèce prévue : Primus est propriétaire par indivis avec plusieurs autres cohéritiers d'un même fonds. Durant l'indivision, ces cohéritiers ont hypothéqué l'immeuble commun ; puis le partage a eu lieu et le fonds a été attribué à Primus sans qu'il ait été fait aucune mention de l'hypothèque. La loi prévoit d'abord le cas où Primus n'a pas connu les charges qui grevaient l'immeuble, et elle lui accorde alors l'action *ex stipulatu*, si une stipulation est intervenue, ou autrement l'action *præscriptis verbis quanti interest*.

Passant à l'hypothèse inverse où le cohéritier évincé par le créancier de ses copartageants a connu les charges du fonds, la loi décide que toute espèce de recours doit lui être refusé, à moins qu'il n'ait eu soin de faire insérer dans l'acte une promesse expresse de garantie : « Si fundi scientes obligationem, « dominium suscepistis : tantum evictionis promis-« sionem solemnitate verborum vel pactu promis-« sam probantes, eos conveniendi facultatem habe-« bitis. »

C'est en vain qu'on nous oppose la loi 3 par. 4, code *communia de legatis* : il est vrai que cette loi accorde positivement à l'acheteur de choses grevées d'un fideicommis le droit de répéter le prix, alors même qu'il a connu, à l'époque du contrat, l'existence de cette charge. Mais, pour en déduire la portée, il suffit de lire le par 3 de la même loi qui déclare une telle vente absolument nulle : « Sic intelligenda est quasi nec scripta, nec penitus fuerit celebrata. » Or, si la vente est nulle, l'acheteur répète son prix, non pas en vertu de la vente, mais en vertu d'une *condictio sine causa*, reposant sur ce que le prix est sans cause dans les mains de l'acheteur ; cette loi est donc sans force contre la théorie que nous proposons : elle édicte une nullité absolue en vertu de laquelle les parties ont le droit de se replacer dans la même position que si elles n'avaient jamais contracté.

APPENDICE. — *Caractère de l'action et de l'exception de garantie.*

En droit romain l'éviction partielle ne donne à l'acquéreur qu'une action partielle en garantie contre le vendeur ; on conçoit parfaitement l'exécution partielle de l'obligation de garantie entre le vendeur et l'acquéreur.

Si l'acheteur laisse plusieurs héritiers, chacun d'eux ne peut agir en garantie que pour sa part héréditaire.

S'il y a plusieurs vendeurs, et que la vente ait été faite avec indication de parts (1), l'acheteur évincé de l'une des parts n'a de recours que contre celui

(1) Loi 39 par 2 de evict.

qui la lui a vendue. Il en est de même quand il n'y a pas eu indication de parts, mais que les droits de chaque vendeur proviennent d'une origine différente. Car, dans ce cas, il était impossible à l'un des vendeurs de faire valoir les moyens à l'appui des droits de ses covendeurs.

Si le vendeur laisse plusieurs héritiers, comment seront-ils tenus? Les lois 85 par. 5 et 139 de *verb. oblig* semblent proclamer l'indivisibilité de l'obligation de garantie, car elles disent toutes deux que les héritiers du vendeur doivent être poursuivis *omnes in solidum*. La loi 139 ajoute : « quolibet defugiente cœteris subsistere nihil prodest imo defugiente, omnes defugisse videntur. » Je ferai d'abord remarquer que l'argument que l'on tire des mots *in solidum* tombe devant le mot *omnes*. En effet, si les mots *in solidum* voulaient dire que chaque héritier est tenu de défendre pour le tout, pourquoi l'acheteur était-il obligé d'appeler tous ses garants, et n'avait-il pas le droit de s'adresser à un seul, comme cela à lieu toutes les fois que chacun des débiteurs est tenu pour le tout, par suite de la corréalité, de la solidarité ou de l'indivisibilité. Il y a donc une contradiction entre ces expressions *omnes* et *in solidum*. Ajoutons que ces textes prévoient le cas, non pas de l'action *ex empto*, mais bien de l'action *ex stipulatu*, et que l'on peut parfaitement considérer la défense *in solidum*, dont parlent ces textes, comme n'étant qu'une forme de la procédure

romaine, une conséquence de la *stipulatio duplæ*.
Qu'était-ce que cette *stipulatio?* Une clause pénale ; or, primitivement, la clause pénale rendait indivisible l'obligation divisible, en ce sens que la peine était encourue, si l'obligation n'était exécutée qu'en partie ; qu'elle l'était à l'égard de tous les débiteurs, si l'un d'eux seulement ne l'avait pas exécutée ; d'où la conséquence que chaque débiteur devait l'exécuter pour le tout, s'il voulait éviter la peine. On comprend dès lors la nécessité pour chaque garant de défendre, non-seulement pour sa part, mais encore pour celle de ses codébiteurs. Tel était, à cet égard, l'ancien droit ; mais, peu à peu, cette rigueur s'adoucissant sous l'influence du droit prétorien, tous les effets résultants de l'indivisibilité de la clause pénale disparurent dans les contrats de bonne foi, et les stipulations s'y rattachant. Dans la *stipulatio duplæ*, le seul vestige de l'ancien droit qui survécut fut cette règle que la vente devait être défendue pour le tout par les divers héritiers du vendeur. Mais le seul résultat de cette obligation de plai.. *in solidum*, c'était de rendre la chose jugée opposable à tous les codébiteurs. Ce but unique nous est parfaitement indiqué dans la loi 62 par. 1 *de evict.* Ces expressions *omnes* et *in solidum* ainsi entendues, restent les décisions finales des lois 85 par 5 et 139, desquelles il résulte que chaque héritier du vendeur n'est tenu que pro parte hæreditaria.

Nous n'avons parlé jusqu'à présent que de l'action en garantie ; voyons ce qu'il faut décider pour l'exception. Supposons qu'un des héritiers du vendeur vienne revendiquer contre l'acheteur la chose vendue, dans quelle limite devra-t-il être repoussé ? Sera-ce pour le tout, ou seulement pour sa part héréditaire ; en d'autres termes, l'exception est-elle divisible ou indivisible. A cet égard, la loi 14, Code *de rei vindicatione* proclame formellement la divisibilité de l'exception. On a dit que c'était une décision spéciale, pour le cas où l'acheteur a été de mauvaise foi, et a su que la chose vendue n'appartenait pas au vendeur. Mais qu'importe ! est-ce que cette circonstance peut rendre divisible une obligation indivisible ? évidemment non.

En second lieu, puisque nous croyons que l'action en garantie était indivisible en droit romain, la logique ne nous conduit-elle pas forcément à la même solution pour l'exception. Qu'est-ce donc en effet, que l'exception de garantie, sinon l'action même en garantie intentée avant la réalisation de l'éviction ?

Ainsi, il résulte clairement des textes du digeste et du Code que l'obligation de garantie, de quelque manière qu'elle se produisit, était divisible entre les héritiers du vendeur, comme l'action en garantie l'était entre les héritiers de l'acheteur.

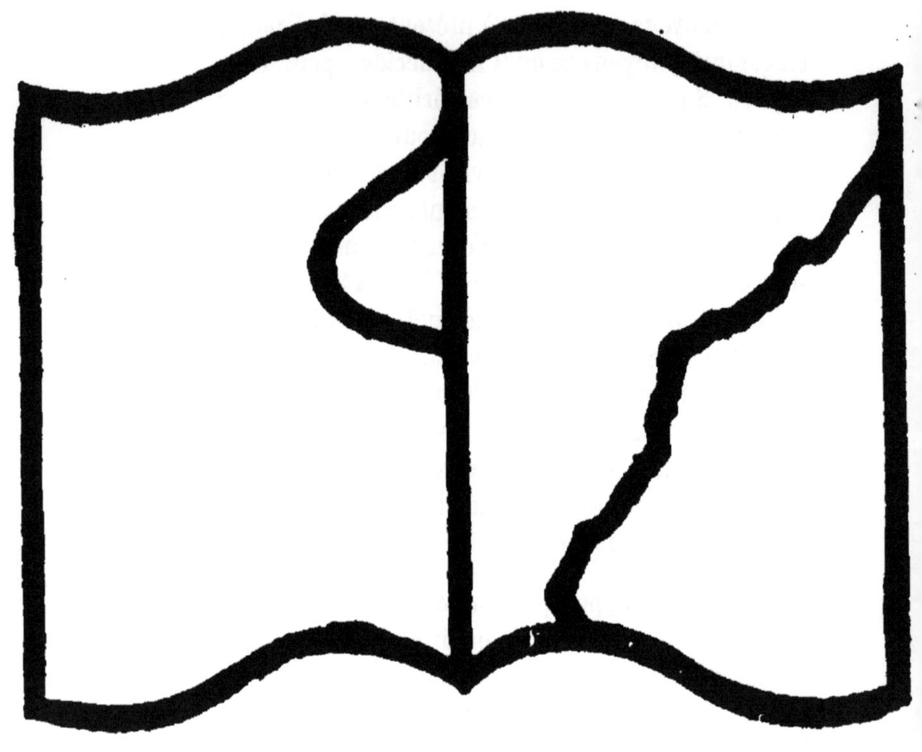

Texte détérioré — reliure défectueuse

NF Z 43-120-11

dans le cas où l'acheteur a l'action *ex empto*, quand il est évincé d'une chose qui ne saurait être estimée, comme le patronat et les droits qu'il engendre (1). Dans cette hypothèse, le prix sert à déterminer l'intérêt de l'acheteur, puisqu'il ne peut être estimé autrement; de même le vendeur ne devra que le prix, si les parties sont convenues que le vendeur n'aurait rien à fournir à l'acheteur du chef de l'éviction (2).

Le vendeur poursuivi en garantie par l'acheteur, n'a pas le droit de le repousser en lui offrant la chose même qui a été évincée, car il faut de plus qu'il l'indemnise du dommage que l'éviction lui a fait éprouver ; mais s'il offre en même temps cette indemnité, il peut repousser par l'exception de dol l'action *judicati* de l'acheteur (3).

En cas d'éviction partielle, on observe les mêmes règles que s'il s'agissait d'une éviction totale, en ce qui concerne les dommages-intérêts et l'estimation de la partie évincée : toutefois, il faut distinguer si l'éviction atteint une partie intellectuelle de la chose (*pars pro indiviso*), ou si, au contraire, elle a pour objet une partie matérielle formant un corps déterminé *(pars pro diviso, — certus locus)* : dans le premier cas, on devra fixer le chiffre des dommages et intérêts, en prenant pour base la quote-part correspondante à la valeur de la chose entière « *pro*

(1) Loi 5, prœscr. verb. — Loi 126, de regul juris.
(2) Loi 11, par. 18, de act. empt.
(3) Loi 67, de evict.

quantitate evictœ partis » ; une part indivise ne forme pas, en effet, un corps ayant des qualités susceptibles d'estimation, ce n'est qu'une quantité ; — dans le second cas, c'est la valeur de la partie matérielle, enlevée par l'éviction et considérée séparément, qui sera due, « *pro bonitate loci erit regressus.* ».(1).

Quand c'est un usufruit qui tombe sous le coup de l'éviction, l'estimation porte naturellement sur les fruits que la chose produit : *pro bonitate fructuum.*

Si c'est simplement un accessoire ou un reste de la chose que l'éviction a frappé, on se reporte, pour en apprécier la valeur, au moment même de l'éviction.

Par. 2[•].

Effets de l'action ex stipulatu.

L'action *ex stipulatu* a pour objet une quantité certaine, une somme fixe et invariablement déterminée à l'avance ; elle constitue un véritable forfait dans lequel on prend exclusivement pour base, d'une part, le prix de vente, et d'autre part, la chose telle qu'elle était à l'époque du contrat, sans tenir

(1) Loi 1, de evict.

compte ni des augmentations, ni des amoindrisse-
ments qui ont pu survenir depuis. L'acheteur doit
toujours obtenir l'intégralité de la somme promise;
mais en même temps il ne doit rien obtenir au-delà.
Si donc, à raison d'une éviction partielle, il a déjà
obtenu une portion de cette somme, il n'aura droit
qu'à un complément dans le cas où par la suite il
viendrait à être évincé de la totalité.

L'action *ex stipulatu* ne se donne que lorsque les
termes de la stipulation sont rigoureusement accomplis; elle est accordée en cas d'éviction de la
totalité ou d'une partie homogène de la chose, ou
bien encore de l'usufruit : mais, à moins de convention spéciale, on ne peut l'intenter en cas d'éviction
d'une partie hétérogène, ou d'un simple accessoire
de l'objet vendu (1).

La stipulation étant une convention intervenue
entre les parties, n'a d'autres limites que leur volonté. La règle, qui fixe au double le maximum des
dommages et intérêts obtenus par l'action *empti*, est
ici sans application. Le même motif d'équité n'existe
plus; en effet, par cela même que le vendeur a promis d'avance le quadruple, il est prouvé qu'il a pu
prévoir un dommage se montant au quadruple du
prix. Il ne faut donc pas, ainsi que l'a fait Noodt,
transporter dans cette matière un principe qui est
particulier à l'action *empti*. Les écrits des juriscon-

(1) Lois 36, 42, 43, 56, par. 2, de evict.

sultes romains font foi que la stipulation était quelquefois du triple et même du quadruple (1).

Si un fonds a été vendu à tant l'arpent, il y a autant de ventes que d'arpents, et, en cas d'éviction, on doublera le prix de chacun d'eux sans avoir égard à leur qualité (2).

Si c'est un usufruit qui a été évincé, une estimation devient nécessaire, puisque la proportion pour laquelle l'usufruit entre dans le prix n'est pas déterminée à l'avance. L'évaluation se fait en prenant pour base le produit annuel : « *pro bonitate fructuum estimatio facienda est.* »

En cas d'éviction partielle, il faut distinguer comme pour l'exercice de l'action *ex empto*, si l'éviction porte sur une partie aliquote (*pars pro indiviso*), comme un tiers, un quart, ou si, au contraire, elle a pour objet une partie déterminée (*pars pro diviso).*

Dans la première hypothèse, aucune estimation n'est nécessaire ; la quantité enlevée à l'acheteur lui donne droit à une quantité égale de la *stipulatio duplœ.*

Dans la seconde, au contraire (éviction d'une *pars pro diviso*), le recours n'a plus lieu *pro quantitate evictæ partis*, mais *pro bonitate loci* (3).

(1) Lois 56 et 66 de evict.
(2) Loi 53, pr. de evict.
(3) Lois 1, 13, 14 de evict.

L'évaluation doit être basée sur l'état du fond à l'époque de la vente : on ne doit jamais tenir compte des augmentations ni de la dépréciation qui peuvent être le résultat du temps ou des faits de l'acheteur. On ne prend pas davantage en considération les accessoires qui ont pu se produire, par exemple, par l'effet de l'alluvion.

Que s'il y a eu, non plus seulement une dépréciation, mais une *perte partielle*, devra-t-on également ne point en tenir compte, en assimilant cette perte à une simple détérioration de la chose ? — Ou bien, au contraire, devra-t-on décider que l'action se trouve réduite par la perte partielle, de même qu'elle est complètement anéantie en cas de perte totale ?

Il y a lieu d'établir ici une distinction : ou bien l'*éviction* elle-même est simplement *partielle*, et alors on doit tenir compte de la perte. Le recours de l'acheteur est diminué d'autant, et la perte partielle reste à sa charge ; cette solution est en harmonie avec le principe d'après lequel le vendeur est complètement libéré par la perte entière de la chose ;— ou bien, il s'agit d'une *éviction totale*, et alors le vendeur est toujours tenu du double, sans qu'il y ait lieu à aucune déduction. Dans cette hypothèse, la perte partielle est assimilée aux simples dégradations (1).

(1) Loi 64, *ex mille*, *de evict.*

L'opposition évidente de ces deux décisions d'après lesquelles la perte partielle est assimilée dans un cas à la perte totale, tandis que dans l'autre elle est placée au même rang que les autres détériorations, est assez difficile à justifier : La seule raison que l'on puisse en apporter paraît être celle-ci, empruntée à Dumoulin : c'est que lorsque la stipulation est rendue exigible pour partie seulement, la justice exige que cette partie soit limitée à ce qui a été réellement enlevé à l'acheteur. Au contraire, quand l'éviction a porté sur le fonds entier, la stipulation ouverte pour le tout, ne peut être soumise à aucune déduction, (Dumoulin, *tractatus de eo quod interest,* numéros 113 et 117).

CHAPITRE V.

Dans quels cas l'obligation de garantie cesse-
t-elle d'être imposée au vendeur.

Cette obligation peut cesser soit en vertu de la convention des parties, soit en dehors de toute convention, à raison de la nature même de la chose vendue,
ou bien à raison de certaines circonstances de fait.
Parmi ces circonstances, les unes s'appliquent à la
chose même, objet du contrat, les autres sont purement personnelles à l'acheteur.

Nous avons déjà démontré que les parties peuvent
déroger par des stipulations particulières à l'obligation de garantie, soit d'une manière générale, soit
pour certains cas déterminés d'éviction. Les clauses
de ce genre nous ont paru avoir pour effet d'affranchir le vendeur de toute responsabilité, dans les
limites fixées par la convention, non-seulement
quant aux dommages-intérêts, mais encore, quant à
la répétition du prix. Nous n'avons pas à y revenir.

En l'absence de toute convention, la garantie peut

encore cesser à raison de la *nature même de la chose vendue*; ainsi, aucune obligation de ce genre n'existe dans les emptiones rei et rei speratæ (loi 11-12 *de hæredit. vendit*, loi 11 par. 18 *de act empt.*)

Dans les ventes qui ont pour objet un ensemble de choses indéterminé, *universitates incertœ*, par exemple, une hérédité, un pécule, le vendeur n'est pas non plus garant de l'éviction des objets particuliers, à moins qu'il n'ait fait une déclaration indiquant nommement l'objet évincé comme faisant partie de l'universalité vendue.

La garantie peut enfin cesser à raison de circonstances de fait, s'appliquant soit à la chose elle même, objet du contrat, soit à la personne de l'un des contractants.

C'est ainsi que la perte totale et fortuite de la chose rend l'éviction impossible et exclut conséquemment l'obligation de garantie (loi 21 pr. de evict); toutefois le vendeur pourrait être poursuivi en dommages et intérêts, s'il s'était rendu coupable de dol, *de dolo tamen poterit agi, si dolum intercesseret.*

De même l'acheteur n'a pas d'action lorsqu'il a su à l'époque du contrat, que la chose n'appartenait pas au vendeur ; en un mot, la connaissance, par l'acheteur, du danger de l'éviction, le rend non recevable à diriger un recours contre son vendeur, à moins qu'il n'ait eu soin de se faire promettre expressément la garantie (1); peu importe la manière dont l'acheteur a su que la chose appartenait à autrui : il n'est point nécessaire qu'il l'ait appris par la déclaration du vendeur lui-même, les textes exigent simplement qu'il ait acheté *sciemment* la chose d'autrui.

Mais quelle est la portée de la déchéance qui résulte de cette *science de l'acheteur*? Tout le monde est d'accord pour admettre qu'il ne pourra réclamer aucuns dommages-intérêts. Le dissentiment commencé en ce qui concerne le prix de vente qu'il a payé. Les uns lui accordent le droit de répéter ce prix, les autres le lui refusent. La difficulté roule sur le texte de la loi 27 au Code *de evict*. qui est ainsi conçue : « Si fundum sciens alienum vel obli-
« gatum comparavit athenocles, neque quicquam
« de evictione convenit : *quid eo nomine dedit,*
« contra juris poscit rationem. Nam si ignorans,
« desiderio tuo juris forma negantis hoc reddi refra-
« gatur. »

Ceux qui prétendent que l'acheteur, même de mauvaise foi, peut toujours répéter le prix de vente, soutiennent que la seule réclamation qui lui soit interdite, est celle qui aurait trait aux dépenses occa-

(1) Loi 4 par. 5 de doll mall et metus exceptione.

sionnées par l'éviction. Ils font rapporter le *quod eo nomine dedit* au membre de phrase précédent, et ils interprètent ainsi : *quod evictionis nomine dedit*. Or, disent-ils, si le prix a été payé, c'est en vertu du contrat de vente lui-même ; ce n'est point une dépense naissant de l'éviction, *evictionis nomine* : la répétition n'en est donc pas interdite par la loi 27.

Pour nous, nous pensons que cette doctrine doit être repoussée, et nous croyons que l'acheteur ne peut pas plus réclamer le prix de vente, que les dommages-intérêts. La prohibition de la loi 27 est générale, il suffit de la lire pour s'en convaincre ; l'acheteur de mauvaise foi, *Athenoclès*, qui a acquis le fonds appartenant ou obligé à autrui, sans aucune stipulation relative à l'éviction, ne peut rien obtenir de ce qu'il a déboursé à l'occasion de ce fonds (*quod eo nomine dedit*). Cette dernière interprétation est la plus naturelle de toutes, et résulte clairement de la construction même de la phrase. C'est l'idée d'une prohibition générale que révèle nécessairement le texte.

Notre solution est d'ailleurs confirmée par la loi 7 au code *communia utriusque judicii*. Voici l'espèce prévue : Primus est propriétaire par indivis avec plusieurs autres cohéritiers d'un même fonds. Durant l'indivision, ces cohéritiers ont hypothéqué l'immeuble commun ; puis le partage a eu lieu et le fonds a été attribué à Primus sans qu'il ait été fait aucune mention de l'hypothèque. La loi prévoit d'abord le cas où Primus n'a pas connu les charges qui grevaient l'immeuble, et elle lui accorde alors l'action *ex stipulatu*, si une stipulation est intervenue, ou autrement l'action *præscriptis verbis quanti interest*.

Passant à l'hypothèse inverse où le cohéritier évincé par le créancier de ses copartageants a connu les charges du fonds, la loi décide que toute espèce de recours doit lui être refusé, à moins qu'il n'ait eu soin de faire insérer dans l'acte une promesse expresse de garantie : « Si fundi scientes obligationem, « dominium suscepistis : tantum evictionis promis- « sionem solemnitate verborum vel pactu promis- « sam probantes, eos conveniendi facultatem habe- « bitis. »

C'est en vain qu'on nous oppose la loi 3 par. 4, code *communia de legatis* : il est vrai que cette loi accorde positivement à l'acheteur de choses grevées d'un fideicommis le droit de répéter le prix, alors même qu'il a connu, à l'époque du contrat, l'existence de cette charge. Mais, pour en déduire la portée, il suffit de lire le par 3 de la même loi qui déclare une telle vente absolument nulle : « Sic intelligenda est quasi nec scripta, nec penitus fuerit celebrata. » Or, si la vente est nulle, l'acheteur répète son prix, non pas en vertu de la vente, mais en vertu d'une *condictio sine causa*, reposant sur ce que le prix est sans cause dans les mains de l'acheteur ; cette loi est donc sans force contre la théorie que nous proposons : elle édicte une nullité absolue en vertu de laquelle les parties ont le droit de se replacer dans la même position que si elles n'avaient jamais contracté.

APPENDICE. — *Caractère de l'action et de l'exception de garantie.*

En droit romain l'éviction partielle ne donne à l'acquéreur qu'une action partielle en garantie contre le vendeur ; on conçoit parfaitement l'exécution partielle de l'obligation de garantie entre le vendeur et l'acquéreur.

Si l'acheteur laisse plusieurs héritiers, chacun d'eux ne peut agir en garantie que pour sa part héréditaire.

S'il y a plusieurs vendeurs, et que la vente ait été faite avec indication de parts (1), l'acheteur évincé de l'une des parts n'a de recours que contre celui

(1) Loi 39 par 2 de evict.

qui la lui a vendue. Il en est de même quand il n'y a pas eu indication de parts, mais que les droits de chaque vendeur proviennent d'une origine différente. Car, dans ce cas, il était impossible à l'un des vendeurs de faire valoir les moyens à l'appui des droits de ses covendeurs.

Si le vendeur laisse plusieurs héritiers, comment seront-ils tenus? Les lois 85 par. 5 et 139 de *verb. oblig.* semblent proclamer l'indivisibilité de l'obligation de garantie, car elles disent toutes deux que les héritiers du vendeur doivent être poursuivis *omnes in solidum.* La loi 139 ajoute : « quolibet defugiente cœteris subsistere nihil prodest imo defugiente, omnes defugisse videntur. » Je ferai d'abord remarquer que l'argument que l'on tire des mots *in solidum* tombe devant le mot *omnes.* En effet, si les mots *in solidum* voulaient dire que chaque héritier est tenu de défendre pour le tout, pourquoi l'acheteur était-il obligé d'appeler tous ses garants, et n'avait-il pas le droit de s'adresser à un seul, comme cela à lieu toutes les fois que chacun des débiteurs est tenu pour le tout, par suite de la corréalité, de la solidarité ou de l'indivisibilité. Il y a donc une contradiction entre ces expressions *omnes* et *in solidum.* Ajoutons que ces textes prévoient le cas, non pas de l'action *ex empto,* mais bien de l'action *ex stipulatu,* et que l'on peut parfaitement considérer la défense *in solidum,* dont parlent ces textes, comme n'étant qu'une forme de la procédure romaine, une conséquence de la *stipulatio duplæ*. Qu'était-ce que cette *stipulatio?* Une clause pénale; or, primitivement, la clause pénale rendait indivisible l'obligation divisible, en ce sens que la peine était encourue, si l'obligation n'était exécutée qu'en partie; qu'elle l'était à l'égard de tous les débiteurs, si l'un d'eux seulement ne l'avait pas exécutée; d'où la conséquence que chaque débiteur devait l'exécuter pour le tout, s'il voulait éviter la peine. On comprend dès lors la nécessité pour chaque garant de défendre, non-seulement pour sa part, mais encore pour celle de ses codébiteurs. Tel était, à cet égard, l'ancien droit; mais, peu à peu, cette rigueur s'adoucissant sous l'influence du droit prétorien, tous les effets résultants de l'indivisibilité de la clause pénale disparurent dans les contrats de bonne foi, et les stipulations s'y rattachant. Dans la *stipulatio duplæ*, le seul vestige de l'ancien droit qui survécut fut cette règle que la vente devait être défendue pour le tout par les divers héritiers du vendeur. Mais le seul résultat de cette obligation de plaider *in solidum*, c'était de rendre la chose jugée opposable à tous les codébiteurs. Ce but unique nous est parfaitement indiqué dans la loi 62 par. 1 *de evict.* Ces expressions *omnes* et *in solidum* ainsi entendues, restent les décisions finales des lois 85 par 5 et 139, desquelles il résulte que chaque héritier du vendeur n'est tenu que pro parte hæreditaria.

Nous n'avons parlé jusqu'à présent que de l'action en garantie; voyons ce qu'il faut décider pour l'exception. Supposons qu'un des héritiers du vendeur vienne revendiquer contre l'acheteur la chose vendue, dans quelle limite devra-t-il être repoussé? Sera-ce pour le tout, ou seulement pour sa part héréditaire; en d'autres termes, l'exception est-elle divisible ou indivisible. A cet égard, la loi 14, Code *de rei vindicatione* proclame formellement la divisibilité de l'exception. On a dit que c'était une décision spéciale, pour le cas où l'acheteur a été de mauvaise foi, et a su que la chose vendue n'appartenait pas au vendeur. Mais qu'importe! est-ce que cette circonstance peut rendre divisible une obligation indivisible? évidemment non.

En second lieu, puisque nous croyons que l'action en garantie était indivisible en droit romain, la logique ne nous conduit-elle pas forcément à la même solution pour l'exception. Qu'est-ce donc en effet, que l'exception de garantie, sinon l'action même en garantie intentée avant la réalisation de l'éviction ?

Ainsi, il résulte clairement des textes du digeste et du Code que l'obligation de garantie, de quelqne manière qu'elle se produisit, était divisible entre les héritiers du vendeur, comme l'action en garantie l'était entre les héritiers de l'acheteur.

Documents manquants (pages, cahiers...)
NF Z 43-120-13

effet, il y a là une éviction légale qui a sa source dans la loi elle-même, et non plus dans un droit préexistant et affectant au profit d'autrui la chose vendue. Il en est alors de la surenchère, comme du retrait successoral, et l'éviction reste aux risques de l'adjudicataire qui est toujours censé acheter aux charges de la loi.

Il en est de même de la surenchère survenant après une adjudication dans la licitation de biens indivis entre majeurs et mineurs (article 965 pr.). La cour d'Aix, a décidé que l'adjudicataire évincé par cette surenchère n'a pas de recours, « attendu que l'adjudication juridique ne constitue point uue vente parfaite et définitive, puisque le législateur l'a subordonnée d'après sa nature, à l'exercice du droit de surenchère. » (Aix, 30 janvier 1835).

Remarquons qu'il n'est pas nécessaire, pour que l'éviction retombe sur le vendeur, que le droit du tiers qui a évincé, se soit trouvé ouvert à l'époque de la vente : *il suffit qu'il ait existé en germe à ce moment*. C'est là la doctrine de Pothier qui, dans son *traité de la vente* n° 87, dit expressément : « le vendeur est tenu des évictions dont il y avait une cause ou du moins un *germe* existant dès le temps du contrat de vente. »

Ainsi, le vendeur est incontestablemeut garant de l'éviction procédant d'un droit qui n'était encore que conditionnel au moment du contrat, tout aussi bien que de l'éviction, procédant d'un droit déjà exigible alors. Mais que faut-il dire de l'éviction résultant d'une prescription qui, ayant commencé avant la vente, ne s'est accomplie que depuis? Dirons-nous que la prescription rétroagissant au jour où elle a commencé, il n'y a jamais lieu à la garantie? Ou bien que la prescription n'étant complétée, n'existant qu'après la vente, l'acheteur serait toujours dépourvu du recours.

Une première opinion, se fondant sur les expressions mêmes de Pothier, décide que la prescription commencée est un germe d'éviction, existant au temps du contrat et dès lors donnant lieu à garantie. (Bordeaux, 4 février 1831 : Pau, 9 décembre 1853). — Une seconde opinion, défendue par MM. Troplong et Aubry et Rau, soutient que l'acheteur est en faute d'avoir laissé s'accomplir la prescription, et que dès lors il doit s'imputer à lui seul la perte qu'il a faite. (Bourges, 4 février 1823).

Nous adoptons en principe cette seconde interprétation, mais nous y apportons un tempérament que nous semble réclamer l'équité. Si la prescription, lors de la vente, était presque entièrement accomplie, de telle sorte que l'acheteur n'ait véritablement pas eu le temps de l'interrompre, il ne faudrait pas laisser l'éviction à sa charge. D'abord, on ne peut dans ce cas, lui reprocher aucune négligence. De plus, le vendeur ne serait pas reçu à soutenir qu'il lui a transmis la propriété, résidant encore sur sa tête au moment du contrat, et que dès lors il a entièrement accompli son obligation. On lui répondrait, avec raison, que le droit qu'il a transmis n'était point véritablement un droit *utile*, mais un droit *précaire*, destiné à s'éteindre immédiatement, sans que l'acquéreur eut aucun moyen de lui conserver l'existence.

Nous allons même plus loin encore, et nous pensons que dans le cas même où, au moment de la vente, il aurait existé encore un temps suffisant pour interrompre la prescription, le vendeur devrait être, néanmoins, déclaré responsable de l'éviction, s'il avait laissé ignorer à l'acheteur le péril imminent qui pesait sur la chose, de telle sorte que, celui-ci eût laissé de bonne foi s'accomplir les délais exigés par la loi. Il nous semble, en effet, que la prescription commencée peut, dans certains cas, être assimilée à un vice entachant la chose vendue, et dont il est dû garantie lorsqu'on n'a pas averti l'acheteur de son existence.

Nous avons examiné les différentes hypothèses où la garantie est due en vertu de notre principe : Voyons maintenant les cas où elle ne peut être utilement réclamée.

Le vendeur n'est pas responsable des droits qui

peuvent prendre naissance après la vente sans sa participation : ce sont pour lui des cas fortuits. Pothier donne comme exemple le *fait du prince*, évinçant l'acheteur par un acte de souveraineté. Ainsi, si vous êtes exproprié par l'Etat, pour cause d'utilité publique, de la maison que je vous ai vendue, vous ne pourrez rien me réclamer, quelque minime que puisse être, d'ailleurs, l'indemnité qui vous sera attribuée : car c'est là un événement postérieur à la vente et qui ne peut m'être imputé. Ce principe est appliqué alors que l'état est lui-même vendeur (conseil d'état 29 novembre 1855). Mais si l'acte du prince se borne à déclarer un droit préexistant, par exemple, la nullité de la donation portant sur un domaine de l'Etat, et qui a été faite par un possesseur temporaire du pouvoir, il a été jugé que la garantie était due. Cette distinction a été consacrée dans une espèce où il s'agissait de biens donnés par Jérôme Bonaparte, roi de Wesphalie, à son ministre des affaires étrangères, et restitués à la maison de Hesse par une ordonnance de l'électeur en 1814. (Cassation 14 avril 1830.)

Dans une espèce presque analogue, la Cour de Cassation (7 avril 1819), avait libéré le vendeur. Il s'agissait d'une maison donnée par Murat à son médecin, qui l'avait vendue à un tiers. Le roi Ferdinand ayant, à son rétablissement, annulé toutes les donations de Murat, l'acquéreur poursuivit le vendeur et fut débouté.

Dans le droit romain, on considérait comme un fait de force majeure postérieur au contrat, la prévarication, l'imprudence ou l'erreur du juge qui condamnait à tort l'acquéreur. Pothier appliquait encore cette maxime, qui faisait d'un jugement mal fondé un cas fortuit. Cette doctrine ne saurait être admise aujourd'hui. Toute décision judiciaire qui, à force de chose jugée, est légalement une vérité, si fausse qu'elle puisse être en fait. Si donc l'acheteur ayant mis en cause son vendeur, est à l'abri de tout reproche, il aura en cas d'éviction le recours en garantie.

L'éviction donne toujours lieu à la garantie quand elle procède du fait personnel du vendeur, qu'il soit antérieur ou postérieur à la vente.

L'exemple donné par tous les auteurs est celui-ci : Je vous ai vendu ma maison par acte sous-seing privé que vous avez négligé de faire enregistrer ; puis je la vends à une autre personne par acte authentique : vous ne pouvez intenter de revendication contre cette seconde personne, puisque votre acte n'ayant pas date certaine antérieure au sien, ne peut lui être valablement opposé. Mais, comme c'est à l'égard des tiers seulement que la date certaine est requise (1328), l'acheteur peut se retourner contre son vendeur, et lui demander garantie à raison d'une éviction dont il est l'auteur.

La loi du 23 mars 1855 nous fournit aujourd'hui

une autre espèce : Un premier acheteur est évincé par un deuxième acheteur qui a transcrit avant lui, ou bien il est évincé par un créancier qui a fait inscrire avant la transcription de l'acte de vente, une hypothèque constituée postérieurement à la vente.

En sens inverse, le vendeur n'est pas garant, même des évictions, dont la cause est antérieure à la vente, quand, d'ailleurs, elles résultent d'un droit accordé par la loi elle-même.

Ainsi, l'acheteur évincé en vertu de l'article 841, qui accorde entre cohéritiers l'exercice du retrait successoral, ne pourrait pas prétendre à un recours en garantie ; de même, dans le cas de vente d'une chose litigieuse, si l'adversaire au procès exerce le retrait de la chose vendue aux termes de l'art. 1699. Dans ces cas, en effet, l'acheteur n'est point trompé : il a dû prévoir l'éviction, car nul n'est censé ignorer la loi : il n'a donc pu entendre acheter que les droits que la loi permet de vendre.

Pour ce qui est du cas fortuit et de la force majeure dont la cause est postérieure au contrat, ils restent à la charge de l'acheteur comme tous les risques de la chose vendue.

Nous avons une dernière question à examiner pour terminer l'étude de notre premier chapitre. L'acheteur a-t-il l'action en garantie alors que le jugement prononçant l'éviction n'a pas été exécuté. Certains auteurs, se fondant sur la loi 57 *de evict.* et sur l'interprétation qu'en donne Pothier, décident qu'il n'y a lieu à garantie, qu'autant que l'éviction a été consommée par le dessaisissement de l'acheteur, et que, dès lors, aucun recours ne pourrait être exercé dans le cas où le jugement prononçant l'éviction, viendrait à demeurer sans exécution, par exemple, parceque le demandeur est décédé insolvable, et que personne n'a réclamé sa succession.

Nous ne pouvons admettre cette doctrine, qui, cependant, était assurément exacte dans les anciens principes ; car, aujourd'hui, l'acheteur que la vente n'a pas rendu propriétaire, a toujours le droit d'agir contre son vendeur, même quand il n'est pas troublé : or, la négligence apportée dans l'exécution du jugement d'éviction, ne laisse à l'acheteur qu'une possession précaire qui peut cesser d'un moment à l'autre, et dont on ne peut exiger qu'il se contente ; son titre d'acquisition a perdu toute sa valeur, par l'effet du jugement : il a donc droit à la garantie (M. Duvergier, t. 1, n° 326).

CHAPITRE II.

*De la nature de la garantie. — Des modifi-
cations qu'elle peut subir. Dans quels cas
peut-elle même cesser entièrement ?*

La garantie est de *la nature* de la vente, mais
elle n'est pas de son essence, d'où il suit que les parties peuvent la modifier à leur gré : nous n'avons pas
à revenir sur les développements donnés à ce sujet
dans la partie romaine : ce que nous devons seulement constater ici, c'est la distinction importante
établie par les jurisconsultes entre la *garantie de
droit* et la *garantie de fait*. La première est celle
qui résulte naturellement du contrat lui-même, sans
avoir besoin d'être expressément stipulée : elle s'applique soit à l'existence même du droit transmis,
soit aux qualités essentielles de la chose. La seconde
est celle qui n'existe qu'en vertu d'une clause particulière insérée au contrat ; elle s'applique soit aux
avantages que la chose vendue doit procurer à
l'acheteur, soit aux qualités de cette chose, mais à
des qualités secondaires dont l'absence n'affecte
nullement sa destination naturelle.

Ceci dit, il importe de déterminer de quelle manière les parties peuvent modifier l'obligation de garantie. Elles peuvent le faire de trois manières; soit en étendant sa portée, soit au contraire en la restreignant, soit même en l'anéantissant complètement (art. 1627).

L'extension de la garantie ne peut résulter que d'une manifestation positive de la volonté et non pas d'une simple clause de style; ainsi, la clause de garantie *de tous troubles et évictions quelconques* n'ajouterait rien à l'obligation du vendeur. Il faut en effet, que l'intention des contractants apparaisse d'une façon claire et précise; mais pourvu qu'il en soit ainsi, l'extension convenue est parfaitement valable. (Bordeaux, 22 janvier 1826).

Cette extension peut être atteinte de plusieurs manières; ainsi, on peut d'abord imposer au vendeur la garantie de certaines évictions, qui, de droit commun, ne sont pas à sa charge, par exemple, l'éviction provenant du fait du prince. (Cassation 25 prairial an XI).

On peut aussi étendre son obligation à des choses qu'elle ne comprend pas d'ordinaire, par exemple, aux servitudes même apparentes qui pourraient grever le fonds.

On pourrait encore stipuler à titre de dommages-intérêts une somme supérieure à celle qui serait due d'après le droit commun.

Enfin l'acheteur pourrait étendre l'obligation de garantie, en stipulant qu'il aurait droit à des dommages-intérêts, en outre de la restitution du prix, sans qu'on pût lui opposer la connaissance de sa part du danger de l'éviction : nous verrons en effet, qu'habituellement cette connaissance chez l'acheteur a pour effet de limiter son droit, en cas d'éviction, à la simple restitution du prix. (Bordeaux, 27 juillèt 1854).

Toutes ces modifications extensives de la garantie rentrent parfaitement dans les termes de l'article 1627.

Nous avons ajouté que les parties peuvent aussi la modifier *en restreignant sa portée*, ou même en l'anéantissant complètement. Toutefois, il y a une exception à cette règle, en ce qui concerne le *fait personnel du vendeur*, (article 1628 : nous avons donné des exemples au chapitre I). La loi ne pouvait pas lui fournir le moyen de préméditer un dol, et d'échapper ensuite aux conséquences de ce dol. « Illud nulla pactione effici potest, ne dolus præstetur. » (Loi 27, par. 3 de pactis). Il demeure donc toujours tenu de son fait, et toute convention contraire est nulle : en ce sens on peut dire que la garantie est *essentielle* dans la vente.

Limitons l'étendue d'application de l'article 1628 : cet article dit que le vendeur demeure tou-

jours tenu de la garantie résultant *de son fait personnel*, sans qu'il puisse jamais se dégager de la
responsabilité encourue : ce texte est évidemment
trop général, et il faut distinguer entre le fait antérieur et le fait postérieur à la vente. La disposition
de la loi doit sans doute être rigoureusement appliquée au fait *postérieur ;* il est impossible en effet,
qu'aucun acte de ce genre devienne impunément la
la cause d'un trouble quelconque pour l'acheteur.
« Il serait contre toute justice de souffrir que le
vendeur profitât de sa fraude, et contre toute raison
de présumer que l'acheteur a bien voulu lui per-
mettre de le tromper. » (M. Faure, dans son rapport
au Tribunal). Le vendeur sera donc toujours tenu de
son fait postérieur à la vente, alors même qu'il
aurait tenté de l'excepter au moyen d'une désigna-
tion nominative et spéciale.

Mais il ne doit pas en être de même du fait *antérieur :* sans doute une clause générale ne suffirait
pas pour l'écarter de la garantie, parce que le vendeur qui le connaît, se rendrait coupable de dol, en
ne le dévoilant pas à son acheteur. Le dol disparaît,
au contraire, dans le cas de déclaration expresse et
spéciale du fait dès à présent accompli. L'acheteur,
ainsi averti, traite en connaissance de cause, et il
n'a rien à reprocher au vendeur. Nous croyons donc
que celui-ci pourrait parfaitement convenir, par
exemple, qu'il ne devrait pas la garantie des suites

d'une hypothèque par lui consentie pour la dette d'un autre sur le fonds vendu. Cette distinction nous paraît devoir être suppléée dans l'article 1628.

Une dernière observation générale nous reste à faire sur les clauses restrictives, ou même destructives de la garantie ; c'est qu'elles ne sont valables qu'autant que le vendeur les a proposées de bonne foi, uniquement pour assurer sa tranquillité dans l'avenir, sans aucune arrière-pensée, et sans aucun calcul frauduleux.

Cette doctrine, qui n'est pas inscrite d'une façon expresse dans le Code, mais qui est répétée dans de nombreux textes de lois romaines, et enseignée par tous les anciens auteurs, doit encore être suivie aujourd'hui ; car c'est là, au premier chef, une de ces « maximes consacrées par la jurisprudence de tous « les temps et liées aux principes de l'éternelle « équité. »

Nous pouvons maintenant entrer dans l'examen des clauses et des faits *restrictifs* de la garantie : nous savons que cette obligation a deux objets : la restitution du prix et les dommages-intérêts.

Nous examinerons d'abord ce qui concerne les dommages-intérêts, parce que ce dernier chef est celui qui peut être le plus facilement écarté : la dispense de restituer le prix, au contraire, est admise dans des cas très-limités ; elle supprime, en effet, complètement la garantie, et modifie le contrat à la fois dans sa nature et dans son objet, en en faisant une sorte de contrat aléatoire, s'appliquant non plus à une chose déterminée, mais bien plus tôt à une prétention vague et incertaine sur cette chose.

Le *vendeur est libéré* du second objet de l'action en garantie, c'est-à-dire *des dommages et intérêts* dans deux cas :

1° Quand il y a eu clause de non garantie ;

2° Quand l'*acheteur a connu*, lors de la vente, *le danger de l'éviction*.

Peu importe que la stipulation de non-garantie, ait lieu au moyen d'une clause *générale*, ou au moyen d'une clause *spéciale*, exceptant seulement telle ou telle espèce d'éviction. La loi ne distingue pas ; il faut donc dire en faisant abstraction de l'ancienne controverse sur ce point, que l'une et l'autre de ces clauses, ont pour effet, d'entraîner au profit du vendeur, la dispense des dommages-intérêts, sans cependant entraîner une libération complète de l'obligation de garantie. (Cass. 30 août 1837).

Nous avons ajouté que la *connaissance* par l'acheteur *du danger de l'éviction*, lui ôtait le droit de demander des dommages-intérêts. Cette doctrine est certaine :

1° Elle résulte de l'article 1599, d'après lequel.

l'acheteur, n'a droit à des dommages-intérêts, qu'autant qu'il a ignoré que la chose fût à autrui ;

2° Elle est confirmée par l'article 1623, qui attache à cette circonstance de la connaissance, par l'acheteur, du péril de l'éviction, jointe à la clause de non-garantie, l'effet remarquable de dispenser le vendeur, aussi bien de la restitution du prix, que des dommages-intérêts ; donc la connaissance seule doit produire ce dernier résultat ;

3° Le doute est d'autant moins possible, que même dans l'ancien droit et dans le droit romain, la *science* de l'acheteur, avait incontestablement cet effet, et que le doute ne naissait qu'en ce qui concerne la restitution du prix : il faut donc tenir aujourd'hui, pour certain que l'acheteur qui a connu, lors de la vente, le danger de l'éviction, obtient un recours limité à la restitution du prix, et ne peut en aucun cas, réclamer des dommages et intérêts. (Cass. 9 février 1852).

Une remarque importante à faire sur cette *science* de l'acheteur, c'est que le code conforme en cela aux anciens principes, ne met aucune différence entre le cas où l'acheteur a connu le péril de l'éviction, par une déclaration du vendeur, ou par toute autre circonstance extérieure. En effet, une déclaration n'est point nécessaire en présence de la connaissance déjà acquise « non certiorari debuit qui

non ignoravit. » Ajoutons, toutefois, que dans le cas
où la connaissance de l'acheteur résulte simplement
d'une circonstance extérieure, c'est au vendeur de
prouver pour sa libération l'existence de cette connaissance.

Nous disons qu'il n'y a point lieu de distinguer,
entre la déclaration et la *science* extrinsèque, et que
l'une et l'autre, avertissant également l'acheteur,
modifient de la même manière son recours, et le
réduisent à la restitution du prix. Cependant,
M. Duranton soutient que la déclaration a l'effet
spécial d'emporter la décharge du vendeur, même
quant à la restitution du prix.(Duranton, t. 16, num.
261, 262). Cette opinion isolée, repoussée dans
l'ancien droit par Cujas et Despeisses, vivement
combattue par Pothier, ne peut soutenir l'examen
en présence de la généralité des textes du Code, et
c'est avec raison que la majorité des auteurs et des
arrêts s'accordent à la rejeter. (Cass, 16 juin 1840 :
Cass, 20 juin 1843).

Il suffit donc que l'acheteur ait connu d'une manière quelconque, lors de la vente, le danger de
l'éviction, pour que son recours soit borné à la restitution du prix. Il ne peut donc pas réclamer de
dommages et intérêts lorsque, par exemple, il vient
à être évincé par un créancier dont il connaissait
l'hypothèque. Quelques auteurs, et M. Troplong,
notamment, font une distinction; ils accordent à

l'acheteur le recours en garantie, si les hypothèques émanent du vendeur, lui-même, pour sûreté de ses dettes personnelles et lui refusent, au contraire, si le vendeur, sans être tenu personnellement de la dette, n'est que tiers détenteur. Nous ne pouvons adopter cette distinction qui n'est écrite nulle part dans la loi. Comme le dit fort bien M. Duvergier, dans les deux cas, le vendeur est tenu, soit en son nom personnel, soit comme tiers détenteur, de payer les dettes ; l'acheteur a donc même motif de supposer que le vendeur libérera l'immeuble par ce paiement. Du reste, la jurisprudence repousse unanimement ces distinctions qui ne peuvent trouver de base solide dans les textes de la loi, (Douai, 16 février 1846).

Il est inutile de rappeler que si l'acheteur, connaissant le péril de l'éviction, avait eu soin néanmoins de se faire promettre la garantie dans le contrat, toute restriction cesserait, et l'obligation du vendeur demeurerait dans toute son étendue.

Nous arrivons maintenant aux *conventions* et aux *faits qui détruisent complètement* la garantie, même quant à son premier chef.

Le vendeur est dispensé, non seulement des dommages et intérêts, mais même de la restitution du prix dans les cas suivants :

1° S'il y a eu *convention expresse*, portant que

le prix ne pourra pas être répété : ainsi, par exemple, la vente est faite « sans garantie ni restitution de deniers.»

Il est clair que cette clause équivaut à celle qui dit que la vente est faite aux *risques et périls* de l'acheteur, et elle doit avoir le même effet, malgré le silence de la loi. Loyseau déclare, au reste, formellement, qu'elle suffit pour exempter de rendre le prix.

2° *Quand l'acheteur, connaissant le danger de l'éviction, a néanmoins laissé insérer la clause de non garantie* (art. 1629). Ces deux faits isolés, ne peuvent effacer, nous le savons, que la seule obligation aux dommages-intérêts. L'article 1629 leur accorde, quand ils sont joints, l'effet remarquable de libérer complètement le vendeur de toute espèce de recours; leur réunion indique bien, en effet, la volonté de l'acheteur de prendre sur lui tous les risques de l'avenir. Les rédacteurs du Code ont emprunté cette solution fort juste à Voët *(ad Pandectas de evict*, n° 31). La jurisprudence l'a rigoureusement appliquée, et cela avec raison : car, si la réunion de ces deux circonstances, connaissance par l'acheteur du danger de l'éviction, et clause de non garantie, n'avait pas pour effet d'effacer entièrement le recours du vendeur, elle n'en aurait aucun, le droit aux dommages et intérêts étant déjà perdu par le fait seul de la *science de l'acheteur* (Douai, 16 février 1846).

9

3º Quand la *vente est faite aux risques et périls de l'acheteur*.

Cette clause, nous paraît suffire par elle-même et par elle seule, pour autoriser le vendeur, à la conservation du prix. Il est vrai que l'art. 1629, semble indiquer que la clause de risques et périls, pour produire cet effet, doit être jointe à la clause de non-garantie ; il dit en effet : « *Dans le même cas de stipulation de non-garantie*, le vendeur, est tenu à la restitution du prix, à moins que l'acquéreur n'ait connu, lors de la vente, le danger de l'éviction ou qu'il n'ait *acheté à ses périls et risques*. » Mais nous ferons observer que la clause de risques et périls, est par elle-même suffisamment énergique, et que la stipulation de non-garantie ne pourrait rien y ajouter. En vain on dirait que le vendeur, a reçu, dans ce cas, un paiement sans cause ; nous répondons que c'est dans la réalité, bien plutôt une chance, un aléa, un droit problématique à la chose qui a été l'objet de la vente, que cette chose elle-même. Le prix a donc été dûment payé, non pas comme l'équivalent de l'objet vendu, mais comme l'équivalent de la prétention à cet objet. Autrement l'acheteur, n'aurait qu'à gagner, puisque, sans courir le danger de rien perdre, il pourrait recevoir, pour un prix très-modique, la chance d'avoir une propriété peut-être d'une grande valeur.

L'acheteur, se trouve encore déchu de tout recours, même pour la restitution du prix ;

4° Si l'éviction lui est imputable comme *procédant de son fait ou de sa faute*.

Ainsi, Primus a hypothéqué sa maison, pour la dette d'un autre, puis il en a fait donation à Secundus, qui lui-même, l'a vendue à Tertius. Tertius, quelque temps après, la revend à Primus, l'auteur de l'hypothèque : le créancier se présente et il l'évince. Primus ne pourra recourir contre son vendeur : car l'hypothèque, ayant été créée par lui, l'éviction qui en est la suite procède de son fait : et cependant, nous savons qu'il n'était pas garant de cette hypothèque, parce que la maison était sortie de ses mains, à titre de donation. (Loi 20 *de evict.*: Pothier, n° 91).

L'acheteur est encore en faute, quand il a laissé s'accomplir contre lui une prescription qu'il était en son pouvoir d'interrompre, ou quand il a délaissé volontairement l'objet vendu, à un tiers, dont la prétention n'était pas fondée.

Il est aussi en faute, s'il se défend mal, dans le procès engagé avec le demandeur en éviction, soit qu'il ait négligé de présenter quelque moyen sérieux de défense, soit qu'il ait déféré imprudemment le serment à son adversaire.

Toutefois, l'acheteur ne peut se compromettre par une mauvaise défense, qu'autant qu'il soutient seul le procès, sans avoir appelé en cause son vendeur.

L'article 1640 réserve, en effet, à ce dernier, lors-qu'il n'a pas été appelé sur l'instance, le droit d'éta-blir qu'il existait des moyens suffisants pour faire rejeter la demande, et de faire déclarer l'acheteur, faute d'avoir proposé ces moyens, déchu de tout re-cours en garantie, alors même qu'il s'agirait de principes de droit commun qui auraient dû être suppléés d'office pour le juge. Il ne faut pas, en effet, favoriser la fraude que l'acheteur pourrait autrement commettre, dans le cas où l'éviction lui serait avantageuse, en n'opposant qu'une résistance molle et faible, à des poursuites dont, au fond, il désirerait le succès. Il ne peut, d'ailleurs, se plain-dre de cette rigueur : c'était à lui de l'éviter, en appelant le vendeur en cause, et en le mettant à même de diriger le débat.

En tout cas, l'acheteur qui n'a point eu la pré-caution de mettre son garant en cause, doit appe-ler du jugement qui l'a condamné en première instance : autrement, il perdrait son recours, si le vendeur venait à établir que le jugement de pre-mière instance aurait été réformé en appel : car, par là, il prouve nécessairement, « qu'il existait des moyens suffisants pour faire rejeter la demande. » (Art. 1640.) Cette décision, admise par les lois romaines, doit l'être, à plus forte raison, dans notre droit, où le vendeur, ne recevant pas de *dénon-ciation*, peut parfaitement ignorer l'existence, même de la demande. Aussi, nous croyons que, vu la négligence de l'acheteur, le vendeur pourra discuter, non-seulement le mérite de sa défense, mais encore la valeur juridique de la décision rendue sur les moyens par lui proposés. Il est, en effet, doublement en faute, et de n'avoir pas mis son garant en cause, et de n'avoir pas appelé de la première décision, alors que tout porte à croire qu'elle pouvait être réformée.

5° L'acheteur évincé ne peut non plus rien réclamer, *s'il était lui-même garant de l'éviction*. Par exemple, j'ai vendu à Primus un immeuble que j'avais primitivement acquis de Pierre. Après la vente, par moi consentie, Primus, mon acheteur, est devenu l'héritier de Pierre. Si une éviction vient ensuite à se produire, Primus ne pourra pas agir contre moi, parceque, comme héritier de Pierre, mon vendeur, il me doit garantie de cette éviction. Les deux qualités de garant et de garanti, en se réunissant sur la même tête, se détruisent réciproquement.

6° Enfin, la garantie cesse encore, par la *perte de l'objet vendu* : l'éviction étant désormais impossible, le vendeur est complètement libéré de son obligation, et l'acheteur supporte seul, les conséquences de la perte éprouvée : c'est là un cas fortuit qui doit demeurer à sa charge.

CHAPITRE III.

Procédure en matière de garantie. De quelles manières la garantie peut-elle se produire?

Nous avons indiqué en quoi consistait, sous l'empire du droit romain, la procédure de l'action en éviction. L'acheteur attaqué se bornait à dénoncer la demande au vendeur; celui-ci était par là, averti de faire connaître ses moyens de défense, et d'intervenir dans l'instance, si cela lui convenait : mais tant que l'éviction n'avait pas été judiciairement prononcée, il ne pouvait pas être actionné en garantie. C'était seulement après la consommation du dessaisissement, au préjudice de l'acheteur, que le recours s'exerçait au moyen d'une seconde instance, distincte et séparée de la première.

Notre ancienne jurisprudence simplifia cette procédure, en autorisant l'acheteur à appeler son vendeur en cause dans l'acte même par lequel il lui dénonçait le trouble, et à faire prononcer par le juge, saisi de la demande en éviction, les condamnations de droit contre lui. (Pothier, *vente* n° 108.)

Cette procédure est encore admise sous le Code Napoléon.

Aujourd'hui, en effet, l'action en garantie s'exerce, soit au moyen d'une demande *incidente*, soit au moyen d'une demande *principale*. L'acheteur, assigné en revendication par un tiers, a le choix entre ces deux partis :

1° Il peut appeler en cause son vendeur, afin qu'il le défende contre les prétentions du demandeur, ou qu'il l'indemnise s'il ne réussit pas. Dans ce cas, si l'éviction est prononcée, le tribunal statue en même temps, et sur l'action principale dirigée contre l'acheteur, et sur la demande en garantie formée par l'acheteur contre le vendeur.

L'acheteur peut même réclamer sa mise hors de cause, et laisser le demandeur en éviction aux prises avec le vendeur : cette faculté lui est accordée par l'art. 182, cod. proc.

Toutefois, l'acheteur ne pourrait pas demander, pour la première fois, en appel, la mise en cause du vendeur, parceque ce serait lui enlever le bénéfice des deux degrés de juridiction. (Cass, 11 février 1840 : Cass, 14 juin 1845).

Il en serait autrement, et l'action en garantie pourrait être incidemment intentée *de plano*, devant la cour, si la cause de cette demande avait pris naissance en appel, et si elle était, d'ailleurs, dirigée contre l'une des parties au procès. (Cass, 7 novembre 1849.)

2° L'acheteur peut, s'il le préfère, ne pas appeler son vendeur en cause, et plaider seul, sauf, s'il succombe, à intenter contre lui, devant le juge de son domicile, une action principale en dommages et intérêts.

Mais ce dernier mode de procéder a des inconvénients graves et nombreux : il rend d'abord l'acheteur non recevable à répéter les frais de l'instance originaire, sauf ceux de la sommation de délaisser et de l'exploit introductif d'instance.

L'acheteur peut, de plus, perdre tout recours dans le cas où le vendeur viendrait à prouver qu'il existait des moyens suffisants pour repousser la demande : toutefois, il y a présomption légale que le procès a été bien jugé et régulièrement suivi par l'acheteur : c'est, par conséquent, au vendeur à prouver le contraire.

En ce qui concerne les dépens, lorsque le vendeur a été mis en cause, et qu'après avoir fait valoir ses moyens il a perdu son procès, le jugement ne s'exécute que contre lui ; car, la condamnation aux dépens est la peine de la mauvaise contestation qu'il a soutenue en prenant la défense de l'acheteur. (Pothier, *vente*, n° 114). Néanmoins, l'article 185 pr. déclare qu'en cas d'insolvabilité du garant, le garanti sera passible des dépens, à moins que le demandeur en éviction n'ait commis l'imprudence de lui laisser obtenir sa mise hors de cause alors qu'il pouvait l'en empêcher aux termes de l'art. 182.

Si le vendeur triomphe, il pourra obtenir des dommages-intérêts contre son adversaire, et il le fera condamner aux dépens. Mais, pourra-t-il, en cas d'insolvabilité, répéter ces dépens contre l'acheteur? Cette question est fort délicate. On peut dire, en effet, que le vendeur, en soutenant le procès, n'a agi, dans la réalité, que comme mandataire de l'acheteur dont il a fait l'affaire. De plus, la demande en éviction ayant été jugée mal fondée, il peut paraître juste de considérer la mauvaise chicane, soulevée par l'adversaire vaincu, comme par un cas fortuit, dont l'acheteur doit seul supporter les conséquences. (Grenoble, 30 novembre 1824.)

D'un autre côté, on peut soutenir que l'art. 182, cod. proc., en permettant à l'acheteur de se faire mettre hors de cause, a voulu indiquer que l'affaire se poursuivrait entièrement aux risques du vendeur, quelque dût être, d'ailleurs, le résultat. (Angers, 18 août 1826; Grenoble, 3 janvier 1845.)

En présence de ces deux opinions qui s'appuient également sur des raisons fort concluantes, nous croyons devoir adopter une opinion mixte, en distinguant les circonstances dans lesquelles la demande en éviction s'est présentée. Ce que l'acheteur a dû nécessairement avoir en vue en contractant, c'est l'obtention d'une possession paisible, assisse sur un droit certain et indiscutable. Il n'a point dû compter sur une possession litigieuse, susceptible d'être à chaque instant contestée par les tiers.

Si donc, le demandeur en revendication invoque un droit sérieux et vraiment juridique, nous pensons que le vendeur doit être tenu de toutes les suites du procès, surtout s'il est prouvé que, lors de la vente, il connaissait l'existence des prétentions soulevées ensuite. On ne peut dire, en effet, qu'il a transmis une possession suffisamment tranquille et assurée. Il y a dans le droit transmis, un vice dont il doit répondre. Si, au contraire, le trouble n'est fondé sur aucune apparence sérieuse, s'il s'agit d'une pure contestation de mauvaise foi, ayant sa base dans un esprit tracassier et processif de la part du demandeur, il ne faut plus y voir qu'une injustice personnelle, un cas fortuit, qui doit rester à la charge de l'acheteur.

Celui-ci devra donc alors, en cas d'insolvabilité du vendeur, rembourser à son garant les frais du procès dans lequel celui-ci l'a représenté. On ne peut laisser les depens définitivement à la charge du vendeur, puisqu'il n'a manqué à aucune de ses obligations. Les entreprises *injustes*, par lesquelles des tiers peuvent venir inquiéter l'acheteur ne constituent pas un vice du droit qu'il a transmis. Le vendeur, n'a aucun moyen de les prévenir : ce sont des faits assimilables à la violence, et qui doivent rester aux risques et périls de l'acheteur, parceque leur nature n'est pas modifiée, par ce fait qu'ils se traduisent par voie d'action devant un Tribunal.

En un mot, le vendeur n'est garant que des troubles qui lui sont imputables, et un trouble ne lui est imputable, qu'autant qu'il a sa source dans une cause antérieure à la vente. Or, la menace d'éviction dont nous parlons, ne peut pas être rangée dans cette classe, quisqu'elle n'a même pas de cause sérieuse. La distinction que nous proposons, nous paraît donc fondée, en équité comme en droit.

CHAPITRE IV.

De l'action et l'exception de garantie. A qui et contre qui l'action de garantie est-elle donnée? A qui et contre qui l'exception de garantie est-elle accordée? Caractère soit de l'action soit de l'exception de garantie?

Nous avons vu que l'acheteur dépossédé est protégé par une *action* destinée à le rendre indemne de l'éviction, et que, de plus, quand il est attaqué par une personne tenue à la garantie, il peut se défendre et se faire maintenir en possession au moyen d'une *exception*.

En effet, il répugne à la raison comme à la justice que celui qui serait obligé de faire cesser le trouble, s'il venait d'un tiers, puisse causer lui-même ce trouble : le garant ne peut pas revenir contre son propre fait, ou contre le fait de celui qu'il représente; c'est ce qu'exprime fort bien la loi 173 par. 3, *de regulis juris* quand elle dit: « *dolo facit qui petit quod redditurus est.* » L'éviction serait directement opposée à son obligation qui consiste à maintenir à l'acheteur la possession de la chose, et, en conséquence, on doit rejeter toute demande de sa part tendant à dépouiller l'acheteur. De là, cette ancienne règle bien connue : « *quem de evictione tenet actio, eumdem agentem repellit exceptio* ». On peut l'exprimer plus brièvement encore par ces mots : « *qui doit garantir ne peut évincer.* »

Ceci posé, il importe de bien préciser, au profit de qui et contre qui est donné le recours en garantie, sous quelque forme d'ailleurs qu'il se produise; puis nous aurons à rechercher quel caractère il faut assigner à la garantie, exercée soit par voie d'action, soit par voie d'éception.

Par. 1ᵉʳ.

A qui et contre qui se donne l'action de garantie?

Dabord, *à qui* se donne l'action de garantie?

En règle générale, l'action de garantie appartient toujours *à l'acheteur* et à ses *successeurs universels* qui sont ses représentants.

Mais appartient-elle aussi, à celui qui a suc-

cédé à la chose à *titre particulier?* — Pour résoudre cette question controversée, il importe de l'envisager à deux points de vue bien distincts: Dans le *cas de donation* et dans le *cas de vente.*

1° L'acheteur *a donné* la chose : Le donataire évincé pourra-t-il recourir contre le vendeur ?

La négative n'était pas douteuse en droit romain : L'acheteur qui avait contracté était seul admis à exercer l'action du contrat. Son successeur ne pouvait pas attaquer directement le vendeur, sauf le cas où une cession expresse d'actions était intervenue. Aussi, la loi 59 *de evict,* refuse-t-elle à un légataire de la chose achetée, l'action en garantie contre le vendeur, par ce motif que ce légataire n'avait pas participé au contrat. Pothier (*vente* n° 97), la refuse également au donataire évincé en se fondant sur ce texte. Mais Domat enseignait une doctrine contraire : « la demande en garantie, dit-il, pourra être formée tant par l'acquéreur que par ses représentants, soit à titre universel, soit à titre particulier; Aussi, l'héritier de l'acquéreur où son donataire aura le même droit que lui. (Domat, *lois civiles, vente,* section X, n° 29. »

Aujourd'hui cette opinion est admise presque universellement, et cela avec raison : car la cession des actions se trouve implicitement renfermée dans la donation. Le donateur a certainement eu l'intention de procurer au donataire tous les avantages que la chose était susceptible de fournir; il a dû vouloir lui transmettre tous les moyens de la conserver, par conséquent lui céder les actions qui tendent à cette conversation. Cette présomption est assurément conformé à l'équité : il serait injuste que le fait de l'acheteur d'avoir donné la chose, fit périr le droit à la garantie, et qu'en dernière analyse, une donation faite pour gratifier le donataire, devint d'une part, stérile pour lui, tandis que d'autre part, elle profiterait au vendeur, à qui elle devait rester étrangère.

C'est en vain que le vendeur primitif, chercherait à repousser le donataire, en lui objectant qu'il n'a pas traité avec lui ; qu'il n'est que l'ayant cause et le cessionnaire de son acheteur ; qu'il ne peut lui réclamer que ce que cet acheteur pourrait exiger lui-même ; que par conséquent, il est déchu de tout recours, puisque son auteur n'étant, en sa qualité de donateur, tenu à aucune obligation de garantie, ne saurait éprouver aucun préjudice par suite de l'éviction. — Le donataire répondra, avec raison que si son donateur ne souffre pas dans ses biens, au moins ses vues libérales ne sont pas réalisées, et qu'il y a pour lui un intérêt d'affection dans le maitien de la possession transmise à titre lucratif. Il pourra ajouter, que la donation contient une cession implicite d'actions qui lui donne, à lui, donataire, le droit de recourir contre le vendeur primitif.

2° L'acheteur n'a plus donné la chose ; mais nous

supposons qu'il *l'a vendue à un tiers.* — Par application des mêmes principes, nous devons déclarer qu'en cas d'éviction, ce second acheteur, outre l'action qu'il a contre son vendeur immédiat, pourra aussi agir aussi en garantie contre le vendeur primitif. Il n'est même pas forcé d'agir contre son vendeur immédiat; il peut, *omisso mendio,* exercer directement son secours contre le vendeur originaire.

La question a un intérêt pratique : Il est vrai que le dernier acheteur pourrait toujours comme créancier, user du bénéfice de l'article 1166, et exercer, au nom de son débiteur, l'action de garantie contre le vendeur antérieur : car, dans notre hypothèse, son vendeur immédiat, ayant lui-même acheté la chose, a droit à garantie, et l'action qui lui compète, fait partie de ses biens. Mais, si le dernier acheteur ne pouvait agir qu'en vertu de l'article 1166, en exerçant l'action de son vendeur immédiat, en cas d'insolvabilité de sa part, la somme obtenue ferait partie du patrimoine de ce vendeur, et serait le gage commun de ses créanciers, avec lesquels le dernier acheteur entrerait en partage. Si, au contraire, on décide qu'il agit par une action directe, il profitera seul de l'émolument de cette action. Une autre conséquence, c'est que l'acheteur ne pourrait invoquer l'article 1166, qu'autant qu'il aurait l'action de garantie contre son vendeur; et si, par une clause spéciale, le vendeur s'était affranchi de la garantie, il n'y aurait pas lieu à l'application de cet article. Au contraire, accordons-lui l'action directe, et aussitôt, malgré cette clause, il pourra agir contre les vendeurs antérieurs.

Peu importent, en effet, ses rapports actuels avec son vendeur immédiat : il ne faut considérer que les droits qu'il tient de la vente, et il suffit, que par ce contrat, l'action en garantie contre les vendeurs antérieurs, lui ait été transmise, pour qu'il puisse l'exercer. Or, nous pensons que cette transmission des actions conforme à l'intention et au but des parties, a lieu dans la vente : « lorsque je vends une chose à quelqu'un, dit Pothier, je suis censé lui vendre et transporter tous les droits et actions qui tendent à faire avoir cette chose, et par conséquent l'action *ex empto*, que j'ai contre mon vendeur, *ut præstet rem habere licere* ; cela paraît renfermé dans l'obligation que je contracte moi-même envers lui *prætandi ei rem habere licere*; (*Vente* n° 149). » Ainsi, en cas de ventes successives, chaque vendeur transmet à son acheteur les actions en garantie qu'il avait contre les vendeurs antérieurs, de telle sorte que, ces actions viennent se réunir dans la main du dernier cessionnaire, qui peut agir contre celui des vendeurs qu'il lui plaît de choisir. Il exerce l'action de son chef, directement et comme tacitement subrogé aux droits de son auteur, sauf, bien entendu, au vendeur originaire ou intermédiaire, ainsi attaqué, le droit d'opposer à la demande toutes les exceptions, qu'il aurait pu faire valoir contre l'auteur de celui qui l'attaque. L'acquéreur évincé doit justifier du droit de celui qu'il représente, et l'action aura dans ses mains exactement la même étendue, (Bordeaux, 4 février 1831).

Cette simple observation démontre le peu de fondement du reproche quelquefois adressé à notre système et fondé sur ce qu'il imposerait dans certains cas, la garantie à des vendeurs, qui n'en étaient pas tenu qu'avec certaines restrictions. Au reste, nous aurons l'occasion de revenir bientôt sur les limites dans lesquelles la subrogation tacite donne au successeur particulier de l'acheteur, le droit d'agir contre le vendeur primitif, (voir par. 4 de la section 5, *effets de la garantie*.)

Voyons maintenant *contre qui* se donne l'action de garantie ?

Nous devons envisager cette question dans deux hypothèses bien distinctes ; d'abord, dans le cas de vente volontaire ; en second lieu, dans le cas de vente, par expropriation forcée.

Contre qui est donnée l'action en garantie dans les ventes volontaires ?

L'action de garantie, est donnée contre le *vendeur* et ses *successeurs à titre universel.*

Elle est donnée aussi contre la *caution* du vendeur. Mais l'acheteur n'est pas obligé de l'appeler en cause, pas plus qu'en droit romain, il n'était tenu de lui faire la dénonciation. Toutefois, il sera prudent de l'appeler à l'état du procès, pour éviter qu'elle ne puisse ensuite lui opposer des exceptions personnelles, ou relatives à la validité de son cautionnement, de nature à retarder les poursuites. Outre ces exceptions particulières, la caution peut encore, aux termes de l'article 2036, opposer à l'acheteur toutes les exceptions qui appartiennent au vendeur lui-même.

Nous avons dit que le premier débiteur de la garantie était le vendeur : il faut ajouter qu'à cet égard il n'y a aucune distinction à faire entre les ventes ordinaires, par contrat privé, et celles qui, à raison de circonstances spéciales, ne peuvent avoir lieu qu'en justice et aux enchères publiques; ces dernières ventes, ne peuvent être assimilées aux ventes par expropriation forcée : car leur caractère de ventes *volontaires*, n'est en aucune façon altéré par la nécessité des formalités judiciaires, qui n'ont d'autre but que de protéger particulièrement les propriétaires des biens vendus.

Toutefois, si l'acheteur peut recourir contre le vendeur lui-même et ses successeurs à titre universel, il ne faut pas étendre outre mesure la portée de ce recours, et en particulier, il ne faut pas l'appliquer au cessionnaire du vendeur, à l'effet d'obtenir la restitution du prix versé entre les mains de ce cessionnaire.

Deux arrêts, l'un de la cour de Paris du 5 février 1848, l'autre de la cour de Rouen du 14 avril 1853, ont cependant soutenu l'opinion contraire : le premier fonde l'action qu'il accorde à l'acheteur contre le cessionnaire du vendeur pour la répétition du prix, à lui payé, sur ce que le vendeur n'a pu transmettre ses droits à un tiers, sans que ce dernier soit tenu à l'exécution de ses obligations, et soumis aux actions que l'acquéreur avait contre son vendeur, puisque ce tiers n'est que le représentant de ce dernier, et que toutes les charges du cédant passent au cessionnaire.

La cour de Rouen, de son côté, invoque, en faveur de la même théorie, des raisons d'équité, et elle accorde à l'acheteur la *condictio indebiti;* elle soutient: que le prix payé l'a été indûment; que le paiement a eu lieu par erreur; qu'il a donc engendré un quasi-contrat, obligeant à la restitution le cessionnaire qui l'a reçu.

Nous croyons ces deux motifs également inacceptables.

La raison de droit invoquée par la cour de Paris, ne prouve rien, parceque, si elle était admise, elle

prouverait trop. Si, en effet, la transmission absolue
et complète des droits du vendeur au cessionnaire,
résultait de la cession à lui faite du prix de la vente,
il faudrait dire que l'acheteur pourra recourir contre
ce dernier, non-seulement pour la répétition du
prix, mais aussi pour l'obtention de dommages-intérêts, puisqu'il a succédé à toutes les charges du
cédant. Ainsi, le cessionnaire, simple mandataire, à
l'effet de recevoir, se verrait transformé en garant
de celui qui doit le payer, et cela, en vertu d'un contrat de vente auquel il est étranger, et il serait exposé
dix ou vingt ans peut-être après le paiement reçu
de bonne foi, à n'avoir plus lui-même qu'un recours
illusoire contre un vendeur qui, depuis, a pu devenir
complètement insolvable !

La répétition de l'indù ne nous paraît pas non plus
trouver sa place dans le cas qui nous occupe. Nous
croyons, d'abord, que rien n'a été indûment payé ;
au moment du jugement, la dette avait une existence
bien réelle et bien constante ; elle n'est pas même
éteinte par l'éviction : car cet événement n'a pas
pour effet d'entraîner la résolution de la vente ; il
donne simplement ouverture à l'un des effets les
plus remarquables de ce contrat, c'est-à-dire à
l'obligation préexistante de garantie qui incombait
au vendeur. Le paiement avait donc une cause, et
cette cause se trouve dans le contrat sciemment et
volontairement exécuté ; sans cette convention, sans

le paiement qui s'en est suivi, la garantie n'aurait jamais pris naissance. Or, la *condictio indebiti*, c'est une action fondée sur un quasi-contrat, et partant elle suppose nécessairement l'absence de toute convention préalable.

Les contractants peuvent donc user des actions nées de leur contrat, sans être obligés de recourir au remède extrême de la *condictio indebiti*; mais *contre qui* peuvent-ils les diriger ? contre le vendeur seul. Ils ne peuvent poursuivre son cessionnaire : s'il y a eu erreur, cette erreur n'a pu consister que dans la fausse croyance par l'acheteur de l'existence d'une dette *vis-à-vis dn vendeur*. A l'égard de l'acquéreur, le cessionnaire, lui, n'était point autre chose qu'un mandataire, recevant pour le compte d'autrui, et ce n'est point envers lui que l'acheteur, en effectuant le payement, entendait se libérer, mais bien envers le vendeur.

Encore une fois, le cessionnaire n'a point été partie au contrat de vente, et s'il a reçu, c'est au hom et pour le compte du vendeur qui, seul, peut être poursuivi par l'acheteur. L'idée d'une transmission universelle de droits ou l'existence d'une *condictio indebiti*, nous paraissent également inadmissibles.

Contre qui est donnée l'action en garantie dans les ventes sur saisie immobilière ?

Il est difficile de présenter sur ce point des règles bien précises, et les opinions sur cette matière sont très-diverses.

Les ventes sur saisie immobilière donnent-elles lieu à la garantie? Contre qui et dans quelles limites l'adjudicataire peut-il exercer son recours?

Ce sont-là des questions fort controversées. Quelques auteurs accordent l'action en garantie contre le saisi, (MM. Duranton 265, Duvergier 344, Zachariæ t. 2, p. 517); d'autres l'accordent contre le saisissant, (Toulouse, 24 janvier 1826, — Caen, 7 décembre 1827); quelques-uns refusent tout recours contre l'un et l'autre (Pothier, proc. civ. chap. 2, — Troplong, n° 432); la plupart s'entendent pour donner une *condictio indebiti* contre les créanciers colloqués à l'ordre, (Duvergier, Marcadé, — Colmar, 22 mars 1836, Lyon, 15 décembre 1841); enfin, il en est qui prétendent qu'ancune restitution ne peut être exigée des créanciers colloqués, (Colmar, 21 juillet 1832).

Examinons successivement les trois moyens de recours proposés pour l'adjudicataire. Et d'abord lui donnera-t-on l'action en garantie contre le débiteur saisi? Pour la négative, on argumente du droit romain, qui refusant à l'acquéreur, l'action *ex empto*, contre le débiteur, ne lui accordait que la répétition du prix et des intérêts contre ce débiteur seulement. On ne peut répondre qu'il ne faut pas suivre servilement le droit romain, que le Code Napoléon a changé les principes sur certains points, par exemple, la translation de la propriété et la procédure de la saisie; et que dans notre matière, même le droit romain refusait la répétition contre les créanciers colloqués, tandisque Pothier, et après lui la majorité des auteurs l'accordent. Dans la discussion de la loi de 1858, sur la saisie immobilière, un député posa nettement la question de savoir contre qui pourrait recourir l'adjudicataire évincé. Le commissaire du gouvernement répondit que la discussion ne pouvait dégénérer en consultation; cette abdication du législateur, a laissé le débat sur le terrain de la doctrine et de la jurisprudence.

L'adjudication sur saisie immobilière est une véritable vente : Elle est ainsi qualifiée au C. N., art. 459, 1558, et C. pr. 710, 733, 740. La loi dans l'art. 1630, n'établit pas de différence entre les ventes volontaires ou forcées : l'interprète ne doit pas distinguer là ou la loi ne distingue pas. Du reste, les ventes forcées sont soumises aux règles des ventes volontaires, sauf dérogation expresse : la loi établit une dérogation dans les art. 1649 et 1684. Mais, c'est là une exception qu'il ne faut pas étendre. La loi ne contient aucune disposition excluant formellement en matière de saisie immobilière, la garantie pour éviction ; elle existe donc, par cela seul, qu'elle n'est pas exclue, car elle est de droit commun.

Objectera-t-on qu'il est dur de soumettre le saisi à la garantie d'une aliénation qu'il n'a pas voulue, qu'il a subie; nous répondons que le saisi est appelé à prendre connaissance des conditions de la vente, à faire ses observations et proposer des modifications au cahier des charges, pr. 691, 694, 695. On a proposé diverses distinctions, selon que le saisi a concouru ou non à la rédaction du cahier des charges, ou bien selon qu'il y a eu ou non conversion de la saisie en vente volontaire (743 pr.). Il faut rejeter toutes ces distinctions qui ne sont pas dans la loi. (Par. 20 août 1846; cass. 28 mai 1862).

Quelle est maintenant la responsabilité encourue par le créancier saisissant et par les créanciers colloqués à l'ordre?

D'abord, quelle est la responsabilité du créancier saisissant?

Un premier point sur lequel on est d'accord, c'est qu'il est responsable de sa faute, et par conséquent des irrégularités de sa procédure, de nature à faire annuler l'adjudication? Nous pensons même qu'il serait également tenu, s'il avait dû voir facilement que l'immeuble n'appartenait pas en réalité au débiteur; qu'en effet, celui-ci n'en était pas considéré comme le propriétaire dans le public, et à plus forte raison, si, sachant à qui l'immeuble appartenait véritablement, il l'avait néanmoins saisi de mauvaise foi.

Mais, en dehors de cette responsabilité générale, qui est de droit commun, nous ne pensons pas que le créancier saisissant puisse jamais être poursuivi comme vendeur, par l'adjudicataire évincé, en vertu de l'article 1626. En effet, ce créancier ne peut pas être assimilé à un vendeur ordinaire; il ne fait que solliciter de la justice l'exécution de son contrat, et c'est la justice qui vend. C'est bien lui qui dirige la saisie, et c'est pour cela que nous l'avons soumis à la responsabilité de sa faute en vertu de l'art. 1382, dans le cas où, par une négligence, il a causé un préjudice à l'adjudicataire. Mais, c'est pour le compte du saisi que tout est fait, et le créancier saisissant n'est que son mandataire légal; on ne conçoit donc pas, que l'acheteur puisse demander des dommages et intérêts, à une personne qui ne s'est point engagée personnellement envers lui; l'action en répétition du prix, en vertu d'une *condictio indebiti* doit lui suffire, et l'équité sera entièrement satisfaite. Il ne serait point, au contraire, conforme à la justice, que le saisissant fut tenu au delà du prix : car, en premier lieu, il ne s'est pas donné comme propriétaire, mais comme créancier; en second lieu, il n'a pas entendu faire une spéculation ayant ses chances de gain ou de perte; mais son but a été simplement d'arriver à se procurer un payement. Son obligation ne doit donc, à aucun point de vue, dépasser le montant de ce qu'il a reçu. Autrement, il vaudrait mieux pour lui, perdre immédiatement sa créance, que

d'encourir les chances d'une répétition qui pourrait
aller au double et au delà.

Les créanciers colloqués, eux aussi, auxquels
l'adjudicataire évincé avait payé son prix, peuvent
être poursuivis en répétition de ce prix, en vertu de
l'article 1377. Il est vrai, qu'en droit romain, le recours dans ce cas était interdit à l'acheteur, par ce
motif que les créanciers n'avaient fait que recevoir
leur dû : *suum receperunt*. On assimilait cette hypothèse à celle où l'acheteur aurait remis les fonds
au débiteur même, et où les créanciers auraient
reçu ensuite leur paiement des mains de ce débiteur.
Cette doctrine, contenue dans les lois I et II Cod.
creditorem evictionem pignoris non debere, et
dans la loi 44 *de condict. indeb.* a été adoptée par
la Cour de Colmar, dans un arrêt du 22 mars 1836.
Toutefois, nous croyons devoir la repousser entièrement : les articles 1376 et 1377 de notre Code, se
sont écartés des règles du droit romain, en suivant
la tradition de l'ancienne jurisprudence française;
il n'y a donc rien à conclure du droit romain pour
ou contre la théorie qui l'invoque. Quant à l'argument fondé sur ce que les créanciers auraient véritablement reçu ce qui leur était dû, il peut bien
avoir pour résultat d'écarter l'article 1376; mais,
l'article 1377 n'en resterait pas moins applicable. Il
résulte de ce texte que la restitution est due, alors
même que le créancier *suum recepit,* si celui qui a

payé, n'était pas débiteur et n'a payé que par erreur. Or, l'adjudicataire n'était pas débiteur, puisque l'adjudication est nulle. Il a été induit en erreur par un acte illusoire qui n'avait aucune existence réelle ; il a payé le prix sans le devoir, il peut donc répéter. Au surplus, examinons la réalité des choses ; que s'est-il passé ? L'adjudicataire n'a agi qu'en qualité d'obligé à titre d'achat ; il n'était débiteur d'un prix d'acquisition qu'autant qu'il y avait vraiment acquisition : ce n'est point un sentiment de générosité qui l'a porté à acquitter la dette du saisi ; or l'éviction a précisément eu pour résultat, d'effacer cette qualité d'acheteur. Dès lors, le titre étant anéanti, il ne reste plus qu'un paiement fait par erreur, il faut donc appliquer l'article 1377 du C. N., sinon, la cause qui a présidé au paiement serait évidemment fausse. — Nous avons donné à l'adjudicataire un recours en garantie contre le débiteur saisi ; mais celui-ci peut se trouver insolvable ; la *condictio indebiti* sera alors très-utile à l'adjudicataire. Néanmoins, la répétition ne serait plus admise, si, par suite du paiement, les créanciers avaient supprimé leurs titres (1377). Il a été jugé en ce sens que si les créanciers colloqués avaient consenti à la radiation de leurs hypothèques, qui grevaient en même temps d'autres immeubles, ils ne pourraient être inquiétés (Riom, 20 mai 1851).

Ainsi, nous sommes autorisés à conclure qu'en

matière de vente sur saisie immobilière, l'adjudicataire évincé n'a jamais que le recours fondé sur l'article 1377, et que c'est seulement sur ce titre qu'il peut s'appuyer pour réclamer le prix versé, soit aux créanciers colloqués à l'ordre, soit même aux saisissants, sans pouvoir d'exciper d'aucune obligation de garantie.

Par. 2.

A qui et contre qui est accordée l'exception de garantie?

Le principe général, c'est que l'exception de garantie appartient à tous ceux qui pourraient intenter l'action : « *cui damus actiones*, eidem et exceptionem competere multo magis quis dixerit. » (Loi 156, par 1ᵉ, *de regulis juris*.)

Elle peut être opposée à tous ceux qui doivent la garantie, c'est-à-dire au vendeur et à ses héritiers : elle tend à faire rejeter leur demande par ce motif que, tenus de maintenir la paisible possession, ils ne

doivent pas la troubler, en poursuivant le délaissement de la chose.

Cette exception peut être également opposée aux
héritiers purs et simples du vendeur ; car ils succèdent à l'obligation de garantie, comme à tous les
droits et obligations du défunt. Si, au contraire, la
succession n'avait été acceptée que sous bénéfice
d'inventaire, ce bénéfice empêchant la confusion
des patrimoines, l'héritier pourrait intenter les actions à lui personnelles : ainsi, s'il était le véritable
propriétaire de la chose vendue par son auteur, il la
revendiquerait avec succès, sans qu'on pût l'écarter
au moyen de l'exception : car, ce n'est pas sur sa
personne que repose l'obligation de garantie : elle
fait partie de la succession, et, en conséquence,
l'acheteur évincé ne pourra exercer son recours que
sur cette classe de biens.

Dans notre ancienne jurisprudence, les légataires
et donataires universels, ou à titre universel, étaient
repoussés par l'exception, puisqu'ils étaient tenus
personnellement des obligations du défunt ; mais,
comme ils n'en étaient tenus que *propter bona*, ils
pouvaient s'en affranchir et échapper à l'exception
de garantie en abandonnant les biens. Que décider
sous l'empire du Code ? La réponse à cette question
dépend de celle de savoir si ces légataires et donataires doivent être considérés comme les représen-

tants du défunt, les continuateurs de sa personne, ou bien, au contraire, comme de simples successeurs aux biens. Je ne fais qu'indiquer ce point, puisque la discussion qu'il exigerait, repose sur des principes tout à fait en dehors de notre matière.

L'exception est encore accordée contre la *caution*. On ne peut, en effet, admettre de sa part une demande en éviction, puis qu'elle s'est obligée avec le vendeur lui-même à maintenir la possession. Il importe peu, d'ailleurs, que la propriété de la chose appartint à cette caution dès le moment de la vente, ou qu'elle ne lui fût venue que plus tard. Despeisses, enseignait que dans ce deuxième cas, la caution pourrait évincer, parce que, disait-il, elle ne pouvait pas être censée avoir renoncé à un droit qu'elle n'avait pas encore lois du contrat. Mais Pothier n'admettait pas cette distinction, car la caution, au moment où elle a acquis la propriété, était soumise à l'obligation de garantie; dès lors elle doit tomber sous le coup de la maxime : *quem de evictione*. — Il va sans dire que la caution ne pourrait pas, afin d'échapper à l'exception de garantie, invoquer le bénéfice de discussion (art. 2021 et 2022). En effet, ce bénéfice ne lui est accordé que pour le cas où le débiteur principal est en état d'acquitter la dette. Or, dans l'espèce, elle seule peut procurer à l'acheteur le maintien de la possession, en renonçant à l'évincer; sans doute celui-ci, l'éviction une fois consommée, pourrait obtenir une compensation complète, en exigeant du vendeur le paiement de dommages et intérêts, proportionnés au préjudice à lui causé ; mais ce n'est là qu'une obligation secondaire et accessoire que l'on ne peut imposer à l'acheteur, tant que l'obligation principale peut être remplie par l'une des personnes qui en sont tenues.

L'exception est-elle opposable aux héritiers de la caution. On l'a nié sous l'influence de la loi 21 cod., *de evict.* Mais nous savons que cette loi ne peut servir d'argument sérieux, attendu qu'elle est en contradiction avec d'autres textes du digeste et du Code. Or, les principes commandent une autre solution. Est-ce que les héritiers ne succèdent pas aux obligations de leur auteur? Pourquoi donc vouloir affranchir les successeurs de la caution, d'une obligation qu'elle avait contractée. En vain, nous dit-on, que la dette de l'héritier de la caution se réduisant en des intérêts d'une dette de dommages-intérêts, l'héritier peut, dès lors, évincer l'acheteur, à la condition de payer ces dommages-intérêts. Mais, si cette idée était vraie, il faudrait l'appliquer à tous les garants ; ce qui anéantirait l'exception de garantie.

Ainsi, l'exception de garantie est opposable au vendeur lui-même, lorsque, depuis la vente, il est devenu propriétaire de la chose; elle est encore opposable aux successeurs du vendeur, quand ils avaient lors de la vente ou quand ils ont acquis depuis cette époque, quelque droit de leur chef sur la chose vendue.

MM. Troplong (n° 460 *vente*) et Duvergier (n° 374), exceptent de l'application de ces principes le cas où une mère tutrice de son fils, après avoir vendu, sans formalités, mais en sa qualité de tutrice et sans promettre aucune garantie les biens de ce fils, vient ensuite à hériter de lui. Ces éminents jurisconsultes, pensent qu'elle peut évincer l'acheteur, par la raison qu'elle n'était tenue d'aucune garantie personnelle, et qu'elle a trouvé dans la succession de son fils une action en nullité, dont il n'y a aucune raison de la priver. Nous nous rallions à cette opinion enseignée par Merlin, et adoptée par la jurisprudence. (Cassation, 19 floréal an 12.)

Passons à l'hypothèse inverse qui se subdivise elle-même en deux branches.

Supposons, d'abord, que le tuteur a vendu, comme sien, un immeuble du pupille, et qu'il meurt, laissant celui-ci pour héritier. Si le pupille revendique, il sera repoussé par l'exception de garantie. « Cette décision, dit Pothier, ne prive pas le mineur de la protection que la loi lui accorde ; ce n'est pas la validité de l'aliénation qu'on lui oppose, mais l'obligation de garantie, dont il est tenu du chef de son tuteur, auquel il a succédé. (Cass., 28 juin 1859.)

Passons au deuxième cas: Le tuteur a vendu un immeuble au nom de son pupille, sans l'observation des formalités prescrites, et sans se porter personnellement garant. Il meurt ensuite, et laisse pour héritier son pupille. Tout d'abord, si la succession s'ouvre durant la minorité, il est certain que le pupille pourra revendiquer, sans avoir à redouter l'exception de garantie; car, en sa qualité de mineur, il ne peut accepter cette succession que sous bénéfice d'inventaire, et ce mode d'acceptation n'entraîne pas la confusion des patrimoines. Si c'est après sa majorité qu'il accepte purement et simplement la succession de son ancien tuteur, nous croyons que l'exception de garantie devra être déclarée non recevable. Dans ce cas, en effet, le tuteur n'était pas garant de la validité de la vente; il eût pu même la faire révoquer, dans l'intérêt de son pupille; c'était à l'acquéreur à exiger l'accomplissement de toutes les formalités nécessaires pour la validité de la vente. Il ne peut imputer qu'à lui-même le préjudice auquel l'a exposé son imprudence. (Contra, Cass., 30 juin 1846.)

Reste maintenant une dernière question, étroitement liée aux principes de notre matière, et sur laquelle on est loin de s'accorder: c'est celle de savoir quelle est la position de la *femme commune*, après son acceptation de la communauté, vis-à-vis du tiers détenteur de son immeuble propre, aliéné sans son consentement par le mari seul, au mépris des prescriptions de l'art. 1428. Nous supposons, bien entendu, que la femme acceptante, n'a pas omis de faire inventaire ; sans cette précaution, elle serait tenue indéfiniment et personnellement pour la moitié et ne pourrait évincer.

Trois opinions se sont produites : suivant la première, la femme, en sa qualité de commune en biens, est garante pour moitié, de l'acte fait par le mari : elle sera donc, sur l'exception de garantie, proposée par l'acheteur, déclarée non-recevable pour moitié dans sa demande en revendication. C'était l'opinion de Duplessis, Laurière, et Bourjon, qui, comme on le voit, n'admettaient pas l'indivisibilité de l'exception de garantie. C'est l'opinion enseignée, d'abord par Pothier (*Vente* n° 179). (Bordeaux, 30 avril 1844). — Selon Lebrun, la femme commune peut revendiquer son immeuble pour le tout, sauf à payer à l'acquéreur évincé sa part dans les restitutions et dommages-intérêts. Cette doctrine, se fonde surtout sur le caractère indivisible de l'exception de garantie. Enfin, une troisième opinion admet la revendication de la femme pour la totalité, à la charge de restituer seulement à l'acheteur sa part dans le *prix* qu'il a déboursé. Cette opinion est défendue par Pothier. (Traité de la communauté, n° 253).

Nous pensons avec MM. Aubry et Rau, que des deux opinions de Pothier, la première doit avoir la préférence. Il est, selon nous, inexact d'assimiler, comme l'ont fait plusieurs auteurs, la femme acceptante, à l'héritier bénéficiaire. Sans parler des nombreuses différences de détail, il existe une différence capitale, et qui tient au fond même du droit. La femme, bien que jouissant du bénéfice de l'art. 1483, est tenue personnellement, et sur tous ses biens : ce bénéfice n'empêche pas la confusion de ses biens propres, avec ceux qu'elle prend dans la communauté.

Au contraire, l'héritier bénéficiaire conserve son patrimoine, distinct des biens de la succession. Il est simplement chargé d'administrer et de liquider : il peut se soustraire à ce mandat légal, en abandonnant ces biens aux créanciers de la succession. (Amiens, 18 juin 1814.)

Indiquons un tempérament qui est admis dans toutes les opinions. Si la femme pense que le préjudice qu'elle subira en n'évinçant pas l'acheteur, est supérieur à son émolument, elle peut revendiquer intégralement son propre, à condition d'abandonner tout son émolument de communauté.

Par. 3ᵉ.

Caractère soit de l'action, soit de l'exception
de garantie.

Nous nous trouvons ici en présence d'une des controverses les plus graves du Code Napoléon.

La matière de l'indivisibilité a toujours été, en effet, l'effroi des interprètes. Dumoulin, dans son langage énergique, la qualifiait de mer sans fonds, *mare magnum sine fundo. (Extricatio labyrinthi div. et indiv.* n° 472). Et l'on est vraiment tenté de croire à la justesse de cette comparaison, quand on voit l'incertitude qui plane encore aujourd'hui, sur cette partie du droit.

Préoccupons-nous, d'abord de l'intérêt de la question. Aux termes de l'article 1220, l'obligation divisible doit s'exécuter comme si elle était indivisible, lorsqu'il n'existe qu'un seul créancier, et un seul débiteur : dans ce cas, la question ne peut donc s'élever. L'intérêt, est au contraire, manifeste quand il y a plusieurs garants, soit plusieurs co-vendeurs du même objet, soit plusieurs héritiers d'un vendeur unique. Quant à l'action, si l'obligation est divisible, l'acheteur, doit mettre en cause tous ses garants : si l'obligation est indivisible, il peut obliger un seul de ses garants, à le défendre pour la totalité (1222-1223). Mais il n'a guère d'intérêt à n'en mettre qu'un seul en cause, car, aux termes de l'art. 1223, le garant poursuivi, a un délai pour appeler les autres co-garants. Disons aussi, que quand l'éviction est consommée, la garantie se résout nécessairement en dommages-intérêts, qui sont parfaitement divisibles. — La controverse, présente au contraire, un très-grand intérêt, en tant qu'elle s'applique à l'exception. En effet, quand c'est l'un des garants qui attaque lui même l'acheteur, l'obligation n'a pas subi cette conversion, qui la fait se résoudre en dommages-intérêts, comme cela a lieu quand l'acheteur intente l'action pour se faire indemniser du dessaisissement déjà éprouvé. C'est l'exécution immédiate de l'obligation de garantie qui est réclamée par voie d'exception. Si donc, cette exception est indivisible, l'héritier pour partie qui revendique la chose vendue, doit être repoussé pour le tout. Si au contraire, elle est divisible, le demandeur ne pourra être repoussé que pour sa portion héréditaire, et la revendication aura son effet pour les autres parts.

Quatre systèmes sont encore en présence en ce qui concerne la nature de la garantie.

Un premier système, considère l'action de garantie

comme *indivisible*, mais l'exception comme *divisible*. C'est la doctrine de Dumoulin, suivie par Pothier, et enseignée depuis le Code par M. Duranton (nᵒˢ 255 et 277).

Un second système, affirme l'*indivisibilité* de l'exception, aussi bien que de l'action. C'était le système d'Alciat, Duperrier, Cochin, et sous le Code, de MM. Aubry et Rau, et Colmet de Santerre. De nombreux arrêts ont prononcé en ce sens depuis Caen, 8 décembre 1808, jusqu'à Cass. 18 avril 1860.

M. Troplong a vu l'indication d'un troisième système dans un arrêt de Cass. du 11 août 1830, d'après lequel l'obligation serait divisible par voie d'action, et indivisible par voie d'exception.

Enfin, un quatrième système nie l'indivisibilité et de l'action et de l'exception. C'est l'opinion enseignée par MM. Rodière, Eyssautier, Valette, Duverger et Bufnoir. Bien que Dumoulin prodigue à cette opinion les épithètes les plus violentes, *opinio stupida, insolens, divinatoria, inepta, contorsio violenta*, nous la croyons cependant la plus exacte et la plus conforme aux vrais principes du droit.

Repoussons d'abord les systèmes mixtes. Comment peut-il se faire, qu'une même obligation soit divisible ou indivisible, suivant que l'on procède par voie d'exception, ou par voie d'action. Ce n'est pas d'après le moyen employé pour mettre en œuvre une obligation, c'est d'après son objet, qu'on juge si elle est ou non divisible. Il y a donc une contradiction flagrante dans l'arrêt de Cassation du 11 août 1830 et dans l'opinion de Dumoulin, adoptée par Pothier. Pour échapper à cette contradiction, Pothier a été obligé de déplacer l'objet de l'obligation, suivant les circonstances. Pour expliquer l'indivisibilité de l'action, Pothier dit que l'acheteur demande à être défendu et que l'un des héritiers ne pouvant pas défendre, pour sa part, sans défendre pour celle des autres, l'obligation est indivisible. Pour l'exception, Pothier fait remarquer que cette exception de garantie, n'est qu'un moyen de faire exécuter l'obligation de délivrance, qui est divisible ; continuer la délivrance, est aussi bien divisible que faire la délivrance. La contradiction est évidente ; aussi, quelle que soit l'autorité de Dumoulin et de Pothier, c'est là le cas de dire : *amicus Plato*, *magis amica veritas.*

Il importe de bien fixer l'objet de l'obligation, car c'est par là que nous saurons si l'obligation est susceptible de prestation partielle. Or, dans notre législation, l'obligation du vendeur consiste à faire jouir l'acquéreur de la chose vendue ; d'où découle pour lui l'obligation de livrer, c'est-à-dire de mettre l'acquéreur en possession, et celle de garantir, c'est-à-dire de conserver à l'acquéreur cette possession qui lui a été transmise par la délivrance. Obligation de

livrer, obligation de garantir, ne sont que deux modes
de l'obligation de faire jouir ; aussi, a-t-on raison de
dire, que la garantie n'est qu'une délivrance conti-
nuée. Dès lors, comment ne pas voir la bizarrerie de
la doctrine professée par Dumoulin ? l'obligation de
livrer est, suivant lui, divisible ; l'obligation de défendre, indivisible, et l'obligation de payer des dommages-intérêts redevient divisible. C'est pourtant la
même obligation dans les trois cas. Si donc, l'obligation de livrer est, de l'aveu même de Dumoulin,
parfaitement divisible, comment l'obligation de garantie qui, n'en est qu'une conséquence, pourrait-elle
avoir une autre nature ? Nous savons bien que nos
adversaires ne définissent pas comme nous l'obligation de garantie. Pour eux, l'objet immédiat et primitif de cette obligation, c'est la défense de la cause
de l'acheteur. Mais cette idée est inexacte ; la défense
n'est pour le vendeur qu'un moyen d'exécuter son
obligation, de maintenir l'acheteur en possession.
la seule chose dont il soit tenu, c'est de faire jouir
l'acheteur ; la défense n'est qu'une obligation secondaire. Lors donc que le vendeur a fait maintenir
l'acquéreur menacé d'éviction, en possession d'une
partie de la chose, n'a-t-il pas exécuté une partie de
son obligation ? et si cela est vrai pour le garant, n'en
doit-il pas être de même pour ses héritiers ; chacun
d'eux doit garantie pour sa part ; et du moment que
l'un d'eux a pu faire maintenir l'acquéreur en possession de cette partie, comment ne serait-il pas

libéré, puisqu'il a accompli son obligation? comprendrait-on que celui qui, avant la délivrance, n'était tenu de transmettre que la possession d'une partie, fût, après la délivrance, obligé de conserver à l'acquéreur la possession de toute la chose !

Mais, dit-on, chaque garant est obligé de défendre l'acquéreur pour le tout, car il est impossible de défendre pour partie; comment faire valoir la moitié d'un argument, produire la moitié d'un titre ? Je réponds d'abord, que le garant n'est aucunement obligé de défendre l'acheteur; c'est une faculté pour lui, et non une nécessité. S'il reconnaît que la prétention du tiers demandeur est fondée, n'est-il pas libre d'abandonner l'acheteur? la défense en justice n'est pour le vendeur qu'un moyen d'exécuter son obligation, qui est de maintenir l'acheteur en possession : mais ce n'est pas le seul, et il peut arriver au même résultat par d'autres moyens. Il me suffit de citer la transaction. Or, la transaction pourrait avoir lieu pour partie; cela n'est pas douteux. Ajoutons que l'objection procède d'une confusion entre deux choses parfaitement distinctes. On confond les moyens avec le but : ce n'est pas par les moyens qu'il faut déterminer si l'obligation est susceptible d'exécution partielle : il faut voir le résultat, le but, l'objet de l'obligation : ce résultat, c'est le maintien de la possession ; or il peut se produire pour partie aussi bien que pour le tout. Sans doute, tous les cohéritiers pourront employer les mêmes arguments, les mêmes moyens, mais ce n'est là qu'un caractère accessoire, dont il ne faut pas faire un caractère déterminatif de l'obligation. On peut même concevoir telle hypothèse dans laquelle l'obligation de défendre sera elle même divisible : co-propriétaire de la moitié d'un immeuble, le vendeur aliène en se donnant comme propriétaire du tout : le co-propriétaire de l'autre moitié revendique contre l'acheteur ; le vendeur, ne pourra pas défendre pour le tout, mais il défendra seulement pour la moitié.

On nous objecte encore que notre système réduit l'acheteur à n'avoir qu'une partie de la chose vendue, à souffrir des morcellements, ce qui est contraire à l'intention des parties, qui ont voulu que l'acquéreur eût la chose entière. Nous répondons que le remède est dans l'article 1136. Si la partie évincée est de telle conséquence, relativement au tout, que l'acquéreur n'eût point acheté sans la partie dont il a été évincé, il peut faire résilier la vente.

CHAPITRE 5°.

Des effets de la garantie.

Nous savons que le Code Napoléon, admettant
sur ce point les idées de Dumoulin et de Pothier,
contraires à l'opinion reçue en droit romain, a divisé
le recours de l'acheteur, en deux chefs distincts: en
premier lieu la restitution du prix ; en second lieu
les dommages-intérêts s'il en est dû. Nous aurons
donc à examiner successivement le recours de l'a-
cheteur à ces deux points de vue, en cas d'éviction
totale, puis après avoir fixé les limites de ce recours
entre les mains du successeur particulier de l'acheteur, nous aurons à envisager l'hypothèse prévue par
les articles 1636 et 1637, où il s'agit d'une éviction
simplement partielle.

Par. 1er.

Premier chef du recours : restitution du prix.

La restitution du prix, entre toujours invariablement dans les prestations imposées au vendeur,
toutes les fois que l'éviction donne naissance à un

recours quelconque. Elle peut-être reclamée dans son intégralité, quelle que soit d'ailleurs la dépréciation de la chose au moment du dessaississement, alors même que cette dépréciation aurait sa source dans la faute ou dans la négligence de l'acheteur, (article 1631). C'est pour cela, que Dumoulin appliquait à ce premier chef la qualification de *caput perpetuum*. Nous savons encore qu'il ne peut-être exclu que dans le cas où l'intention des parties a été bien formellement exprimée, et où les circonstances de la vente viennent encore la confirmer. Ainsi, la simple clause de non garantie, ou la connaissance par l'acheteur du danger de l'éviction, isolées l'une de l'autre, ne peuvent faire écarter que les dommages-intérêts, et non pas l'obligation de restituer le prix. — Au contraire, cette dernière obligation disparaît entièrement en cas d'éviction partielle : l'acheteur qui ne veut point faire usage de l'action en résiliation, a lui accordée par l'article 1136, ne peut exiger du vendeur, qu'une indemnité proportionnelle à l'importance de la partie évincée, en ayant égard à son état, à l'époque même du dessaississement, (article 1637). Au reste, nous reviendrons bientôt sur ce sujet,

L'article 885, C. N., établit, pour la garantie en matière de partage, une règle différente de celle que nous trouvons dans l'article 1630. « Chacun des cohéritiers, dit l'article 885, est personnellement obligé, en proportion de sa part héréditaire, d'indemniser son cohéritier de la perte que lui a causée l'éviction. » Le cohéritier évincé, n'a donc pas droit à la valeur, pour laquelle a été estimé le bien pris dans son lot, et, de plus, s'il y a lieu, à des dommages-intérêts. Il est placé dans la position de l'acheteur du droit romain : il n'a droit qu'à des dommages intérêts. Cette règle s'explique par l'intention qu'ont eue les rédacteurs du code, de maintenir le partage. S'ils eussent adopté les mêmes principes qu'en matière de vente, il eût fallu faire un partage nouveau, et détruire entièrement l'ancien état de choses.

Il importe de bien préciser qu'elle est la base juridique de cette obligation de restituer le prix, dont traitent les articles 1631 et 1632, et de les distinguer bien nettement des dommages-intérêts dont s'occupent les articles 1633-1635. — Cette obligation n'a pas sa cause dans la garantie, puisqu'aux termes de l'article 1629, le prix doit être restitué, même par le vendeur qui n'est pas garant de l'éviction. Ce n'est donc pas à titre de réparation de préjudice que l'acheteur réclame le prix de vente : c'est parcequ'il l'a payé indûment, et que si le vendeur, après l'éviction totale, gardait quelque portion du prix, il la retiendrait sans cause. Cette action est donc bien distincte d'une demande en dommages-intérêts. C'est là, au reste, ce qui explique la disposition de l'article 1631, d'après lequel le vendeur doit la totalité du prix de vente dans tous les cas

possibles, alors même, qu'au moment de l'éviction,
la chose aurait diminué de valeur, soit par cas fortuit, soit par suite de la propre négligence de l'acheteur. Celui-ci, en effet, se croyant propriétaire de la
chose vendue, a pu légitimement omettre d'y apporter tous les soins nécessaires : « *qui rem alie-
nam quasi suam neglexit, nulli querelæ
subjectus est.* » Sa négligence n'empêche pas qu'il
ait payé une somme qu'il ne devait pas, et il a, dès
lors, le droit de la réclamer. Ce n'est, au reste, que
l'application exacte de l'article 1376, aux termes
duquel, ce qui a été payé sans être dû, doit toujours
être restitué. Toutefois, l'article 1631 peut, dans
certains cas, produire ce résultat singulier, que
l'éviction devienne un avantage pour l'acheteur, qui
est ainsi déchargé de détériorations dont, autrement, il aurait seul souffert.

La doctrine de l'article 1631 peut-elle se justifier?
On peut en douter, car la position faite au vendeur
est bien rigoureuse : Si la chose augmente de valeur,
il doit en tenir compte à l'acheteur (1633); n'est-ce
pas bien dur de décider que, si la chose diminue de
valeur, il doit cependant tout le prix. N'est-ce pas là
le cas d'appliquer la règle : *ubi emolumentum, ibi
et onus esse debet.* — L'article 1631 peut se justifier très bien dans les principes du droit nouveau.
Le vendeur doit restituer le prix intégralement, car,
s'il en conservait une part quelconque, il la conser-
verait sans cause. L'éviction totale suppose le plus

souvent la vente de la chose d'autrui. Or, cette vente est nulle, aux termes de 1599. Dès lors, le contrat étant nul, le prix doit être restitué en entier. Si l'éviction a une autre cause que la vente de la chose d'autrui, si elle résulte, par exemple, de l'exercice d'une action hypothécaire, l'article 1631 s'explique encore : l'acheteur évincé peut alléguer que le vendeur ne remplit pas son obligation, et invoquer l'article 1184, pour obtenir la résolution : la vente résolue, le vendeur ne peut garder aucune part du prix qu'il détiendrait sans cause.

On doit comprendre dans le prix les pots de vin ou épingles, que l'acheteur a payés en sus de la somme portée au contrat, car ils forment, en réalité, une partie du prix ; le vendeur en a profité, comme du prix lui-même, et il doit également les restituer. Il faut y faire rentrer aussi les intérêts que l'acheteur a payés, en vertu d'une clause du contrat, lorsque la chose n'a pas donné de fruits à l'acheteur. Ces intérêts, comme accessoires du prix, l'ont augmenté réellement, puisqu'ils sont sortis aussi de la bourse de l'acheteur. Mais, si la chose vendue produisait des fruits, et que l'acheteur n'eût pas été forcé de les rendre au propriétaire revendiquant, l'acheteur ne pourrait pas demander à son garant de lui restituer les intérêts du prix, car les deux jouissances se compenseraient. Le prix produit des intérêts à compter du jour du jugement. On assimile l'acquéreur évincé au vendeur à qui le prix est dû ;

celui-ci a droit, aux termes de l'article 1652, aux
intérêts qui compensent la jouissance dont il s'est
dépouillé ; celui-là est également privé d'une jouissance, et il doit, en compensation, percevoir les
intérêts du prix qui lui est dû.

L'article 1632 vient corriger en partie ce que l'art.
1631 a de trop absolu, en déclarant que, dans le cas
où l'acquéreur aurait tiré profit des dégradations
par lui faites, le vendeur aurait le droit de retenir,
sur le prix, une somme égale à ce profit : cela arriverait, par exemple, dans le cas de coupes de bois importantes et intempestives faites sur le fonds vendu :
l'acheteur est alors présumé s'être remboursé du
prix, jusqu'à concurrence de ce produit. Il est encore
obligé de déduire sur le prix qu'il répète :

1° Les sommes qu'il aurait touchées du vendeur,
soit pour défaut de contenance, soit pour une charge
réelle non déclarée. Le prix de vente se trouve, en
effet, diminué d'autant ;

2° Il doit déduire encore ce qu'il aurait reçu du
vrai propriétaire après le délaissement, à raison de
la plus-value, résultant des améliorations faites par
le vendeur, antérieurement à la vente.

Une question controversée, est celle de savoir si,
en cas de *perte partielle de la chose* avant l'éviction, on doit opérer une diminution proportionnelle
sur le prix, ou bien, au contraire, assimiler la perte

partielle aux détériorations, et décider que le prix doit être restitué en entier? Nous croyons devoir adopter cette dernière solution, et nous pensons que le prix doit être restitué sans aucune réduction: ainsi, alors même qu'une partie du fonds a été emportée par les eaux, le vendeur, dans notre opinion, sera tenu de restituer la totalité du prix. Cette solution fait valoir pour sa défense deux motifs principaux :

1° L'éviction a lieu en vertu d'un droit qui s'appliquait au *fonds tout entier*, et elle comprend tout ce qui reste. L'action doit donc être donnée à l'acquéreur pour le total, puisqu'en dehors même de l'éviction, il eût perdu le tout. C'est là, au reste, l'opinion de Papinien dans la loi 64 *de evict ; « si totus fundus quem flumen diminuerat evictus sit jure, non diminuetur evictionis obligatio, non magis quam si fundus deterior factus sit.* » La vente étant dissoute, l'acheteur doit être replacé dans la même situation que s'il n'avait jamais contracté, et il ne doit rien perdre dans un marché qui ne reste sans résultat que par la faute du vendeur.

2° On est conduit à cette solution, lorsque l'on considère l'esprit qui a dicté l'art. 1631.

On ne saurait admettre, en effet, que l'acheteur soit traité plus durement dans le cas de perte d'une partie de la chose, que dans le cas où la détérioration provient de sa négligence personnelle. D'ailleurs, dans les deux hypothèses, l'acheteur n'ayant pas été rendu propriétaire par son vendeur, il y a eu paiement sans cause, et le prix doit pouvoir être répété. Ces arguments sont présentés par MM. Marcadé et Aubry et Rau, qui soutiennent cette opinion avec chaleur. C'est à tort, comme le fait remarquer M. Turpault (thèse de Doctorat), que M. Troplong s'appuie sur 1631, en découpant cet article de manière à y faire voir que la perte partielle est une *diminution de la valeur, par un accident de force majeure*. La construction grammaticale contredit ce rapprochement. D'ailleurs, en disant que *la chose se trouve diminuée de valeur*, l'art. 1631 indique bien que la chose subsiste en son intégrité, que la valeur seule a changé.

Cette question, sur la perte partielle, en a fait naître une autre qui consiste à savoir, si, dans le cas où il y aurait tout à la fois perte d'un côté et accroissement d'un autre, il faudrait ou non en opérer la compensation. Pour simplifier la question, nous allons supposer que l'augmentation soit égale à la perte. Nous pensons que, dans ce cas, le prix devra tout d'abord être restitué en totalité. La perte, en effet, n'a diminué en rien le droit de l'acheteur à cette répétition. Quant aux dommages et intérêts, pour déterminer s'il en est dû, il faudra comparer la valeur du terrain avec son accroissement au moment de l'éviction, à sa valeur au moment de la vente, et, si l'augmentation survenue constitue une plus-value, l'acquéreur pourra la réclamer aux termes de l'article 1633. Il peut arriver, en effet, que le fonds valant, par exemple, 1,500 francs au moment de la vente, ait subi depuis une augmentation de valeur considérable, et, qu'en réalité, l'accroissement survenu postérieurement, quoique égal à ce qui avait été primitivement enlevé, ne soit pas suffisant pour compenser cette augmentation de valeur. On ne peut donc pas dire qu'il n'y ait jamais lieu, dans notre hypothèse, à des dommages-intérêts : c'est une question de fait et d'appréciation.

Pour terminer ce paragraphe, demandons-nous quelle est l'étendue du recours de l'acheteur, quand il a été victime de la poursuite hypothécaire, (2178). Le tiers détenteur, pour nous l'acquéreur, peut exercer son recours, soit qu'il ait payé, soit qu'on ait pratiqué contre lui une saisie, soit qu'il ait délaissé. L'article 2178, est une disposition générale qui embrasse toutes ces situations diverses. Quel sera l'objet du recours ? La loi nous répond, que le tiers détenteur aura « un recours tel que de droit », expression vague, dont il faut chercher la portée. Selon nous, ces mots, « tel que de droit, » doivent s'interpréter en ce sens, que l'étendue du recours est mesurée sur l'étendue du préjudice. En conséquence, si l'acheteur, après avoir commencé à verser imprudemment son prix entre les mains de son vendeur, est ensuite forcé de désintéresser les créanciers hypothécaires, il pourra répéter, contre le débiteur principal, tout ce qu'il aura payé à ces créanciers hypothécaires. A-t-il subi la saisie ou délaissé, l'acheteur, pourra invoquer l'art. 1630, avec toute son étendue d'application. Il se fera, non-seulement, restituer le prix, mais encore, sera fondé à réclamer les fruits, les frais et loyaux coûts du contrat, même des dommages-intérêts. S'il a payé les créanciers sans avoir auparavant désintéressé son vendeur, son recours ne porte que sur ce qu'il a payé au-delà de son prix ; et si, dans cette même hypothèse, il a délaissé ou subi la saisie, son recours ne peut avoir pour objet que des dommages-intérêts, et non pas la répétition du prix.

Déterminons en quelques mots, la position du tiers acquéreur, lorsque la mise aux enchères a été requise valablement par un ou plusieurs créanciers hypothécaires. Le tiers acquéreur peut, en sa qualité de tiers, se porter adjudicataire, ou rester au contraire étranger à l'adjudication.

1° *C'est un tiers qui se porte adjudicataire.* Dans ce cas, le tiers acquéreur doit être complètement indemne de toutes les avances qu'il a dû faire. Aussi, outre le recours qui lui est accordé par l'art. 2178, contre son vendeur, il invoquera l'art. 2188, disposant que « l'adjudicataire est tenu, au-delà du

prix de son adjudication, de restituer à l'acquéreur
dépossédé, les frais et loyaux coûts de son contrat,
ceux de la transcription sur les registres du conser-
vateur, ceux de notification, et ceux faits par lui pour
parvenir à la revente. »

2° *C'est le tiers acquéreur qui s'est porté adjudicataire*, (2189-2191). L'adjudication prononcée
en faveur du tiers acquéreur, demeuré dernier en-
chérisseur, maintient et confirme le droit de propriété,
dérivant du titre primitif d'acquisition, mais ce n'est
qu'au prix de sacrifices auxquels le nouveau propriétaire n'était pas tenu d'après son titre. De là le recours ouvert par l'article 2191, aux termes duquel
« l'acquéreur qui se sera rendu adjudicataire, aura
son recours tel que de droit contre le vendeur, pour
le remboursement de ce qui excède le prix stipulé
par son titre, et pour l'intérêt de cet excédant, à
compter du jour de chaque paiement. » En effet,
l'acquéreur n'était tenu vis à vis de son vendeur,
que dans les termes et dans les conditions de son
contrat d'acquisition, lequel, subsistant toujours avec
toutes ses clauses, au moins vis à vis du vendeur lui-
même, oblige celui-ci à en garantir et assurer la
pleine et parfaite exécution.

Dans tous les cas, si l'adjudication sur surenchère
a porté l'immeuble surenchéri, à un prix tel que,
tous les créanciers hypothécaires étant payés, il reste
un excédant entre les mains de l'adjudicataire, cet

excédant appartient à ce dernier qui, selon l'expression de la cour de Bordeaux, le retient en déduction
des dommages-intérêts qu'il est en droit de répéter
contre son auteur. (Bordeaux, 27 février 1829).

Par. 2°.

Second chef du recours : dommages et intérêts.

Les dommages-intérêts ont pour objet, la réparation du préjudice souffert par l'acheteur. Ils sont
donc plus ou moins considérables, suivant l'importance plus ou moins grande du dommage causé. Ils
peuvent même disparaître entièrement dans trois
cas :

1° Si l'acheteur n'a souffert aucun préjudice, au-
delà du prix ;

2° S'il y a eu clause de non garantie ;

3° Si l'acheteur a connu le danger de l'éviction.
— Ce second chef, à la différence du premier, est
donc essentiellement variable, non-seulement, au
point de vue du montant de l'indemnité, mais encore
au point de vue de son existence même. Aussi
Dumoulin, lui donnait-il la dénomination de *caput*

casuale. Mais, en cas d'éviction partielle, il constitue seul le recours de l'acheteur, (article 1637).

Dans l'article 1630, les dommag.. .t intérêts paraissent pris dans un sens extrêmement restreint; toutefois, il ne faut pas prendre cet article à la lettre, et il faut dire qu'ils embrassent, dans leur généralité, tous les objets de restitution, autres que le prix de vente. Tous ces objets, en effet, ne sont dus et payés qu'à titre de réparation du tort occasionné par le vendeur.

1° *Restitution des fruits* — Si l'acheteur est obligé de restituer au véritable propriétaire qui l'évince, les fruits qu'il avait perçus pendant la durée de sa possession, il éprouve un préjudice dont le vendeur doit l'indemniser. La réclamation d'une indemnité n'est admise, nous dit l'article 1599, que si l'acheteur est de bonne foi. D'autre part, le possesseur de bonne foi, fait les fruits siens : il ne peut donc être contraint de les restituer. Il n'y a là toutefois, qu'une contradiction apparente : pour connaître les droits que la vente fait naître au profit de l'acheteur, on se place uniquement au moment où le contrat s'est formé : y a-t-il bonne foi en ce moment, l'inexécution du contrat soumet le vendeur à des dommages-intérêts, lors même que l'acheteur découvrirait plus tard le vice de son titre. Au contraire, pour faire les fruits siens, le possesseur doit être de bonne foi, au moment de la perception. Si donc, depuis la vente, l'acheteur, a connu qu'il n'était pas propriétaire, il cesse dès ce moment de faire les fruits siens : Obligé par conséquent de les restituer au propriétaire, il s'en fera tenir compte par le vendeur.

L'acheteur, de son côté doit aussi compte des fruits aux créanciers hypothécaires, en vertu de l'art. 2176. Mais à partir de quel moment? jusqu'à la sommation de délaisser ou de payer, il a dù croire que le débiteur paierait les créanciers hypothécaires; il est donc de bonne foi, tant que cette sommation ne lui a pas été faite; en conséquence, il gagne les fruits perçus avant la sommation, et doit compte de ceux qu'il a perçus depuis.

2° *Restitution des frais et loyaux coûts.* — Ils comprennent les frais faits sur la demande en garantie, et ceux faits sur la *revendication du demandeur originaire*. Toutefois, les frais de la demande originaire faits antérieurement à la mise en cause du vendeur, ne peuvent pas être répétés, (article 2028). De sorte que, si l'acheteur n'exerce son recours que par action principale, et par le jugement qui a prononcé l'éviction, il ne peut demander que le remboursement du coût de l'exploit introductif d'instance.

3° *Frais du contrat.* — Il s'agit ici de tous les

frais que l'acheteur a dû faire pour avoir la chose, c'est-à-dire les honoraires de notaire, les frais d'acte, de transcription, de mutation, de purge etc....

4° *Dommages et intérêts.* — La garantie oblige le vendeur à rendre l'acheteur complètement indemne. Or, il peut arriver que les diverses restitutions que nous avons passées en revue, ne parviennent pas à ce résultat. Ce qui excède, pour arriver au niveau du préjudice éprouvé, est spécialement appelé par le Code dommages et intérêts (1630 4°). Les dommages-intérêts peuvent être dûs, soit pour le préjudice résultant de ce que l'acheteur n'a pas la chose vendue, *propter rem ipsam non habitam,* soit pour le préjudice subi en ses autres biens, par la privation de cette chose, *extrinsecus, extra rem non habitam.*

Voyons d'abord, le dommage résultant de la privation même de la chose vendue, lorsqu'elle a augmenté de valeur depuis la vente, tantôt indépendamment du fait de l'acheteur, tantôt par suite des dépensès de l'acheteur. Et d'abord examinons comment l'éviction de la chose même, engendre une obligation au paiement de dommages-intérêts, à raison de la *plus value,* conférée à la chose par le *pur effet des circonstances.*

« Si au moment de l'éviction, dit l'article 1633, la chose vendue se trouve avoir augmenté de prix, indépendamment même du fait de l'acquéreur, le vendeur, est tenu de lui payer ce qu'elle vaut au-dessus du prix de vente. » Rien n'est plus juste, car l'acheteur doit recevoir en argent la représentation exacte de ce que lui a fait perdre l'éviction. C'est la règle romaine qui, abrogée pour l'hypothèse inverse, a été ici conservée. Nous avons fait remarquer comment la doctrine du Code, en réunissant deux règles différentes, aboutit à ce résultat regrettable, que la dette du vendeur peut-être élevée par cas fortuit, au-dessus du prix de vente, tandis que jamais un cas fortuit ne peut la faire descendre au-dessous de ce prix. Lorsque la chose est dépréciée, l'acheteur peut se féliciter d'avoir été évincé ; il réalise un bénéfice qui ne lui aurait pas donné l'exécution réelle du contrat.

On s'est demandé si la disposition de l'art. 1633, est applicable, même dans le cas où la plus value est extraordinaire, et en dehors des événements prévus, quand elle résulte, par exemple, soit du percement d'un canal, soit de l'établissement d'un chemin de fer. — Ecartons d'abord, un point certain. Si le vendeur, est de mauvaise foi, l'acheteur sera recevable à lui demander les dommages-intérêts même imprévus. La question ne peut donc, s'élever que pour le vendeur de bonne foi. — Dans l'ancien droit Dumoulin et Pothier, décidaient que le vendeur ne doit pas cette plus value entière, quand elle est tellement élevée qu'elle dépasse toutes les prévisions. Le premier de ces auteurs fixait même le double du prix, comme maximum de l'obligation du vendeur.

Marcadé et M. Duvergier, pensent que le recours de l'acheteur, doit être limité à la somme la plus haute que les parties aient pu prévoir lors du contrat. Ce principe fondamental inséré dans l'article 1150, ne peut, d'après eux, recevoir de dérogation, qu'en vertu d'une disposition expresse. Or, l'article 1633, n'implique pas nécessairement cette dérogation : il statue seulement, sur le *id quod plerumque fit*. De plus, dit-on, l'article 1639 renvoie pour toutes les questions relatives aux dommages-intérêts, résultant de l'inexécution de la vente, aux principes établis au titre des *contrats* ou des *obligations convention-nelles*.

Nous croyons avec MM. Colmet de Santerre et Buf-noir, que ces raisons sont plus spécieuses que soli-des et que le vendeur doit indemniser complètement l'acheteur de la perte qu'il éprouve, perte qui est précisément de la valeur de la chose, au jour de l'é-viction, au-dessus du prix de la vente. Il est facile d'écarter l'argument tiré de l'art. 1150, par la géné-ralité des termes de 1633, qui ne fait aucune dis-tinction entre la bonne et la mauvaise foi du débiteur. Cette absence de distinction est d'autant plus signi-ficative, que dans l'art. 1635, le législateur marque très-bien la différence qui existe entre le vendeur de bonne foi, et le vendeur de mauvaise foi. Ajoutons que l'art. 1639 ne renvoie au titre des contrats, que pour les questions non tranchées en la section de la garantie. Or, l'art. 1633, contient la décision complète et formelle de notre question : il n'y a donc pas à recourir à l'art. 1150. (Paris, 16 décembre 1863).

Arrivons au cas où la plus-value résulte des améliorations produites par le fait de l'acquéreur. S'il s'agit de dépenses *nécessaires*, l'acquéreur doit en obtenir le remboursement intégral, alors même qu'il n'en serait résulté aucune plus-value. Le revendiquant doit rembourser à l'acheteur les dépenses nécessaires, que l'acheteur soit ou non de bonne foi, car nul ne doit s'enrichir aux dépens d'autrui (1381).

Le vendeur, dit la loi, doit rembourser, ou faire rembourser toutes les améliorations utiles. Il importe de distinguer, si l'acheteur est ou non de bonne foi. Si l'acheteur a été de bonne foi, on applique la dernière décision de l'art. 555 : Le revendiquant rembourse au possesseur entre la dépense et la plus-value, celle qui monte au chiffre le moins élevé, *quid minimum* ; la dépense, si elle est inférieure à la plus-value; la plus-value, si elle est inférieure à la dépense. Lorsque le revendiquant aura remboursé à l'acheteur, ainsi qu'il y est obligé, le *quod minimum*, l'acheteur aura-t-il encore un recours contre le vendeur ? Distinguons : la dépense a-t-elle été inférieure à la plus-value, le revendiquant n'a remboursé que la dépense : le vendeur devra restituer à l'acheteur la différence entre la dépense et la plus-value. La dépense a-t-elle été supérieure à la plus-value ; le revendiquant n'a remboursé que la plus-value ; l'acheteur demandera au vendeur l'excédant de la dépense sur la plus-value.

Supposons l'acheteur de mauvaise foi. Dans ce cas, aux termes de 555, le revendiquant a une option : il peut, ou forcer l'acheteur à enlever ses constructions, ou garder les constructions, en remboursant la dépense au possesseur de mauvaise foi. Si l'acheteur a éprouvé quelques pertes, peut-il se retourner contre son vendeur? Si le propriétaire conserve les constructions en remboursant la dépense à l'acheteur, celui-ci n'a plus rien à se faire restituer par son vendeur. Si le propriétaire force l'acheteur à enlever les constructions, celui-ci ne pourra réclamer des dommages-intérêts au vendeur, qu'autant que la mauvaise foi ne sera survenue que plus tard, et que par conséquent, il aura été de bonne foi *ab initio*, à l'époque de l'achat.

Quant aux dépenses *voluptuaires*, le vendeur n'est tenu à aucune indemnité, parcequ'il ne devait pas s'attendre à ce qu'elles fussent faites. Mais l'art. 1635, exige comme condition, qu'il ait été de bonne foi ; car sa mauvaise foi l'oblige à payer les dommages prévus et non imprévus.

Nous avons supposé jusqu'à présent que le débat s'élevait entre l'acheteur d'une part, et le vendeur ou le propriétaire revendiquant d'autre part. Examinons maintenant les différents comptes à régler entre les créanciers hypothécaires et l'acquéreur qui a délaissé ou subi l'expropriation.

L'article 2175 qui règle ce point, est complexe : d'une part, il a pour objet de fixer la mesure et les circonstances dans lesquelles le tiers détenteur répond des détériorations que l'immeuble qu'il a délaissé, ou dont il a été exproprié, a pu éprouver pendant qu'il en a conservé la possession ; d'une autre part, il suppose que l'immeuble peut, à l'inverse, avoir été amélioré entre les mains du tiers détenteur, et il donne la mesure dans laquelle ce dernier peut, après délaissement ou expropriation, répéter ses impenses et améliorations.

On se demande tout d'abord sur la première partie de notre règle, s'il est bien équitable d'exercer un recours contre l'acquéreur, à raison des détériorations faites à l'immeuble, dans un temps où il pouvait se croire légitimement propriétaire. Dans l'ancien droit, la question ne faisait pas de doutes, quand il s'agissait de dégradations survenues à l'immeuble avant la demande en déclaration d'hypothèque. Les créanciers, ainsi que nous l'affirment Loyseau et Pothier, n'avaient droit à aucune restitution de la part du tiers détenteur ; ils exerçaient leur action sur

le fonds hypothéqué, dans l'état où il se trouvait lors
de la poursuite.

Pour expliquer la différence de solution dans l'ancien droit et dans le droit actuel, il suffit de faire
remarquer que la clandestinité de l'ancien droit, a
fait place au système de publicité que tous les efforts
de la législation cherchent incessamment à étendre.
L'inscription a révélé à l'acquéreur que l'immeuble
qu'il acquérait, ne pouvait lui appartenir, que sous
la déduction des droits réels, dont il était grevé au
profit des créanciers ; il s'est volontairement constitué le gardien de leur gage, et, en conséquence, il
est en faute, s'il le détériore ou s'il le laisse périr,
faute de soins.

Voyons dans quelle mesure et comment la première disposition de 2175 doit être appliquée. Et
d'abord, la distinction de l'ancienne jurisprudence
ne doit plus être reproduite dans notre droit actuel.
Elle a été suivie cependant par M. Dalloz, en ce
sens, que l'acheteur ne serait responsable des dégradations, qu'à partir de la sommation de payer ou de
délaisser. Nous ne pouvons adopter cette opinion.
En effet, l'inscription remplace, au point de vue qui
nous occupe, l'ancienne action en déclaration d'hypothèque. C'est par la publicité résultant de cette
inscription, ou même par les formalités de la purge,
que le tiers acquéreur a, ou peut avoir connaissance
de l'existence des droits réels affectant l'immeuble.

L'art. 2175 ajoute que les détériorations qui donnent lieu à l'action en indemnité contre le tiers détenteur, sont celles qui procèdent de son fait ou de sa négligence. Mais, jamais aucune action ne pourra être intentée avec raison, quand la dépréciation aura pour cause, soit un événement de force majeure, soit un accident naturel, comme serait un incendie ou une inondation.

Ajoutons que l'acquéreur peut répéter de son vendeur l'indemnité qu'il est obligé de payer aux créanciers ; il était, en effet, en droit de compter que le vendeur le maintiendrait en possession, comme il y était obligé : et, ce vendeur qui a manqué à son engagement, en laissant s'accomplir l'éviction, ne peut pas reprocher à l'acheteur d'avoir cru qu'il y serait fidèle. Il doit donc l'indemniser de toutes les condamnations relatives aux dégradations.

Deuxième partie de la règle. — Le législateur s'occupe ici des améliorations faites par le tiers détenteur à l'immeuble dont il est évincé. Mû par un sentiment d'équité, le législateur a voulu que les créanciers hypothécaires, tiennent compte de ces améliorations au tiers acquéreur. Mais dans quelle mesure ce droit est-il réservé, et quelle en est la nature ? c'est ce qu'il faut préciser en quelques mots.

Le principe auquel il convenait de donner ici satisfaction, est celui qui ne permet pas de s'enrichir aux dépens d'autrui. Il s'agissait donc d'empêcher les créanciers de faire un bénéfice avec l'argent du tiers acquéreur, et non pas de restituer à ce dernier tout ce qu'il a pu dépenser pour améliorer l'immeuble dont il est évincé. Aussi, dans les termes de notre article, les impenses ne peuvent être répétées que jusqu'à concurrence de la plus-value, résultant de l'amélioration. (Douai, 29 août 1842 : Paris, 4 mars 1858).

Les dépenses d'entretien devront être supportées intégralement par le tiers acquéreur, car elles sont la charge naturelle des fruits qu'il a perçus. Une question très-controversée est celle de savoir si notre art. 2175 a posé une règle uniforme, et si le tiers acquéreur ne peut se faire rembourser les dépenses nécessaires que jusqu'à concurrence de la plus-value.

Nous ne saurions le penser. Notre opinion est que le tiers acquéreur pourra se faire rembourser les dépenses nécessaires intégralement. En effet, sans ces dépenses, l'immeuble aurait péri et le gage des créanciers se serait évanoui : à quel titre ceux-ci pourraient-ils prétendre évincer le possesseur, sans lui rembourser les frais qu'il a faits pour la conservation de la chose? N'a-t-il pas été dans ce cas, leur *negotiorum gestor*, en quelque sorte, et l'équité permet-elle qu'ils s'enrichissent à leurs dépens? Cette doctrine, professée autrefois par Loyseau et

Pothier, est suivie en jurisprudence. (Cass. 11 novembre 1824).

Quelle est la nature du droit réservé au tiers acquéreur ? Le droit romain l'autorisait à retenir la chose, jusqu'à ce qu'il fût payé de ses impenses. Notre ancienne jurisprudence remplaça ce droit de rétention par un privilége. Sous le code, cette question a soulevé les plus graves controverses. Des auteurs, pensent que le tiers acquéreur n'est ici qu'un simple créancier chirographaire, et qu'il ne pourra invoquer aucune des prérogatives à lui reconnues par l'ancien droit. Faisons remarquer que ce recours serait illusoire en cas d'insolvabilité des créanciers hypothécaires. D'autres, comme M. Troplong, lui accordent un privilége analogue à celui du créancier qui a fait des frais pour la conservation de la chose. Cette raison est difficile à admettre, car, un privilége, ne saurait être admis par simple raison d'analogie. D'autres, enfin, accordent au tiers acquéreur, le droit d'opérer sur le prix d'adjudication, un prélèvement pour une somme correspondante à la plus-value, ou au montant de ses dépenses; (Bourges, 8 février 51 ; Bastia, 2 février 56.) Cette opinion prévaut en doctrine et en jurisprudence. Il faut s'y arrêter, car elle rentre parfaitement dans la vérité des choses. En définitive, la plus-value ou le montant des dépenses n'est pas le gage des créanciers : celui d'entre eux qui trouverait la somme dans la collocation, devrait la rendre); dès lors, c'est aller au plus court, que d'autoriser le tiers acquéreur à se payer par voie de prélèvement ou de distraction.

Jusqu'alors, nous avons examiné uniquement le dommage causé à l'acheteur, *propter rem ipsam*, par rapport à la chose dont il est évincé. Mais, l'acheteur peut encore subir un préjudice dans ses autres biens, *extrinsecus*. Selon Pothier, le vendeur de bonne foi, ne pouvant, lors du contrat, prévoir ce préjudice éloigné, n'était pas obligé au paiement de dommages-intérêts; l'acheteur de mauvaise foi, au contraire, par cela seul qu'il s'était rendu coupable de dol, doit y être assujetti. Toutefois, ce vendeur, même de mauvaise foi, n'est tenu que des dommages qui sont une suite prochaine et immédiate de l'éviction. Le vendeur de bonne foi peut aussi, exceptionnellement, être tenu des dommages extrinsèques, mais seulement dans le cas où ils ont été prévus par les parties. C'est une question de fait, abandonnée au pouvoir discrétionnaire des tribunaux. Pothier limite ces dommages, s'ils sont excessifs; nous croyons que ce tempérament doit être appliqué sous le code, parce que nous n'avons pas ici de texte impératif comme l'article 1633; dès lors, en vertu du renvoi de 1639, il faut appliquer 1150.

Par. 3ᵉ.

Limites du recours, lorsque l'éviction a eu lieu au préjudice d'un successeur particulier de l'acheteur.

Quand l'éviction a été soufferte par un successeur particulier de l'acheteur, le vendeur doit être condamné envers cet acheteur :

1° A la restitution du prix de vente ;

2° Au remboursement intégral de tous les frais et loyaux coûts du contrat, aux frais de la demande originaire, ainsi qu'à ceux des deux recours successifs en garantie ;

3° Au paiement de tout ce que l'acheteur a été obligé de rembourser à son successeur évincé, en sus du prix de vente. A cette condition seulement, le dommage causé par l'éviction est entièrement réparé. — Quant au prix de vente, il est toujours intégralement dû, alors même qu'il serait supérieur à tout ce que l'acheteur a payé à son successeur en indemnités et en frais. Sans doute, cette répétition

entière du prix dépasse l'intérêt de l'acheteur, surtout si l'on considère que ce n'est pas lui qui souffre
personnellement de l'éviction. Toutefois, cette conséquence résulte nécessairement du principe d'après
lequel la restitution du prix est toujours due, alors
même que la chose a diminué de valeur, ou a été
considérablement détériorée (art. 1630 et 1631) : il
y a bien eu éviction : l'acheteur doit donc pouvoir
invariablement exiger la totalité du prix. C'est, du
reste, l'opinion de Dumoulin et de Pothier.

Nous avons maintenant à déterminer quelles sont
les limites du recours en garantie, exercé personnellement par le successeur évincé. Nous avons vu
que, dans le cas de plusieurs ventes successives, il
pouvait, *omisso medio*, recourir en garantie contre
le premier vendeur. Nous avons vu dans la cession,
soit à titre onéreux, soit à titre gratuit, à lui consentie, une subrogation tacite aux droits de son
auteur. Quelle est la portée de cette subrogation ?
Nous supposons que, parmi les ventes successives,
il y en ait eu dont le prix était supérieur à celui qu'a
payé l'acquéreur évincé. Peut-il se mettre au lieu et
place de l'acheteur qui a payé le prix le plus élevé,
et exercer les droits de ce dernier contre son vendeur ? Ainsi, une première vente a été faite moyennant 20,000 fr., une seconde moyennant 12,000 fr.,
auxquels seulement il faut ajouter 3,000 fr., dûs à
titre de dommages-intérêts au second acheteur
évincé.

Si cet acheteur s'adressait à son vendeur immédiat, il est clair qu'il ne pourrait lui réclamer que 15,000 fr.; mais, nous savons qu'étant subrogé aux droits de cet auteur, il peut aussi exercer son action contre le premier vendeur. Pourra-t-il, en agissant ainsi, répéter les 20,000 fr., prix de la première vente, ou seulement les 15,000 fr. qu'il serait en droit de réclamer à son propre auteur. Si l'on en croit Pothier, on « pourrait soutenir », que le second acheteur a le droit de réclamer contre le premier vendeur les 20,000 fr., prix intégral de la première vente. (Pothier, *vente* n° 149). Mais cette opinion doit être évidemment rejetée, et elle l'a été avec raison, par un arrêt de la Cour de Cassion du 5 février 1845. En effet, il est sans doute bien vrai de dire que tout acheteur obtient la chose *cum omni sua causa*, et acquiert les actions dont son vendeur était investi, notamment l'action de garantie que celui-ci avait contre le vendeur précédent ; mais il n'en résulte pas que le second acheteur en ait l'exercice illimité. L'action en garantie ne passe sur sa tête, que comme un accessoire de la chose vendue : or, l'accessoire ne peut pas être plus important que le principal ; c'est, d'ailleurs, dans son contrat personnel, et non pas dans le contrat de vente originaire, auquel il est étranger, que le second acheteur puise son droit à l'exercice du recours en garantie. Or, il y aurait contradiction à se faire garantir la restitution de ce qu'on n'a jamais donné. L'acheteur

n'est subrogé dans les droits de son auteur que jusqu'à concurrence de son intérêt personnel; il ne peut
donc rien demander au vendeur primitif, au-delà de
ce qu'il pourrait réclamer à son vendeur immédiat.
Encore moins, pourrait-il, après avoir obtenu tout ce
qui lui est dû, en agissant contre l'un des vendeurs
successifs, recourir ensuite contre les autres. La
subrogation tacite, opérée en sa faveur, n'a eu, en
effet, pour but, que de lui procurer la certitude du
recouvrement intégral de sa créance; et il n'est dû
qu'un prix pour chaque vente. — Cette doctrine est
professée par MM. Valette, Colmet de Santerre et
Bufnoir.

Par. 4°

Etendue du recours en cas d'éviction partielle.

L'éviction partielle est celle qui enlève à l'acheteur une part de la propriété. Et, tout d'abord, remarquons que l'éviction partielle, subie par l'acheteur, donne lieu à un recours en garantie, quand
même la portion dont il serait évincé, serait inférieure à 1/20. Il importe de ne pas confondre la
garantie d'éviction avec la garantie de contenance,
dont il est traité à l'article 1613. En effet, tandis que
l'action en diminution ou excédant, relative unique-

ment à l'obligation de délivrer, suppose simplement que la chose n'est pas dans la réalité, telle que le vendeur l'a déclarée, le droit de ce dernier étant, d'ailleurs, parfaitement incontesté, l'action en garantie, au contraire, suppose que la chose est bien telle que le vendeur l'a indiquée, mais que la contestation existe sur la légitimité du droit de ce vendeur. (Cass, 14 janvier 1851). Il y a un arrêt contraire du 14 avril 1862, qui s'explique par une interprétation de la convention.

L'éviction partielle donne aussi ouverture à la garantie; mais elle n'est point régie par les mêmes règles que l'éviction totale. Cette éviction, aux termes des articles 1636 et 1637, donne, tout d'abord, lieu à une question de fait. Il faut déterminer quelle est l'importance de la portion dont l'acheteur a été évincé : si cette importance est telle, relativement au tout, que, sans cette partie, l'acquéreur n'eut point acheté la chose, il peut, à son choix, faire résilier le contrat comme si l'éviction avait été totale (art. 1636), ou, au contraire, le maintenir.— S'il demande la résolution de la vente, les choses se passent exactement de même que dans le cas d'éviction totale, et l'article 1630 est appliqué dans toute son étendue. Ainsi, d'une part, il obtient la restitution entière du prix, quoique la chose ait diminué de valeur; et, d'autre part, s'il y a plus-value, il doit lui en être tenu compte en sus. — S'il opte, au con-

traire, pour le maintien de la convention, il ne peut
exiger du vendeur qu'une indemnité proportionnelle. De même, il y a encore lieu à une simple
indemnité, et le contrat est maintenu, s'il est reconnu
que la partie évincée n'a point une grande importance, et s'il y a lieu de croire que, sans elle, l'acquisition aurait été néanmoins faite. — Ainsi, en
cas d'éviction partielle, la vente est maintenue dans
deux cas, sauf à régler le quantum de l'indemnité :

1° Lorsque l'acheteur, pouvant la faire résoudre,
préfère conserver la chose ;

2° Lorsque l'éviction n'est pas assez importante
pour amener la résolution.

Mais, quel est le montant de cette indemnité ?
Comment la somme à payer doit-elle être calculée ?
Est-ce sur le taux de la vente, ou sur la valeur actuelle de la chose ? L'article 1637 répond en ces
termes : Si, dans le cas de l'éviction d'une partie du
fonds vendu, la vente n'est pas résiliée, la valeur de
la partie, dont l'acquéreur se trouve évincé, lui est
remboursée *suivant l'estimation à l'époque de
l'éviction*, et non proportionnellement au prix total
de la vente, soit que la chose vendue ait augmenté
ou diminué de valeur. » D'après cet article, le premier chef de l'action en garantie, la restitution du
prix, disparaît complètement dans le cas d'éviction
partielle. Il n'y a qu'une obligation pour le vendeur :

indemniser l'acheteur du préjudice souffert au jour de l'éviction. L'indemnité se détermine, eu égard à la valeur, *au temps de l'éviction*, de la partie dont l'acquéreur a été évincé, et non pas d'après les bases de l'article 1631, proportionnellement au prix total de la vente. Le code s'écartant ici des règles tracées par Dumoulin, a suivi les principes de l'action *ex empto*. Aussi, la disposition spéciale de l'art. 1637, a-t-elle donné lieu aux plus vives critiques. M. Troplong va même jusqu'à l'attribuer à une *distraction* du législateur. (*Vente*, n° 517.) Nous croyons, cependant, cette disposition justifiée par la différence des situations. En cas d'éviction totale, en effet, (art. 1631), le contrat étant résolu, le vendeur ne peut garder entre ses mains aucune portion du prix, parce que, dès lors, il est prouvé qu'il l'a reçu *sans cause*. Dans le cas d'éviction partielle, au contraire, (art. 1637), le contrat continuant à subsister, il y a lieu simplement à une indemnité proportionnelle : l'on conçoit alors, comment le législateur a pu être amené à restreindre le montant de l'indemnité, à la perte réelle éprouvée par l'acheteur. Il s'agit simplement de réparer un dommage ; il ne peut s'agir de restituer le prix, tant que le contrat n'est pas anéanti. — Toutefois, il eût peut être été plus conséquent d'étendre le principe, posé en cas d'éviction totale, à l'éviction partielle, et d'harmoniser ainsi les deux décisions. A la vérité, MM. Delvincourt et Duranton, soutiennent que, même dans l'état actuel, on ne

ndoit pas appliquer au cas d'éviction d'une quote-
part indivise l'article 1637, mais bien l'article 1631.
Selon eux, on s'explique que le législateur ait, dans
le cas d'éviction d'une part divise, consacré la théorie
de Domat et de Caillet : il a agi ainsi, pour éviter
une ventilation toujours longue et difficile. Mais,
ajoutent-ils, lorsque l'éviction est d'une part indivise, la difficulté d'une ventilation ne se présente
plus : l'acheteur est évincé d'un quart indivis du
bien ; on sait, de suite, que ce quart indivis du bien
correspond à un quart du prix.

Cette opinion a été généralement repoussée, et
elle devait l'être. La généralité des termes de l'art.
1637 résiste à toute distinction. Les rédacteurs du
Code, suivant Pothier pas à pas, connaissaient parfaitement les deux hypothèses : ils ont maintenu l'i-
dentité de solution, seulement ils ont changé la solution elle-même. La prétendue difficulté de la ventilation n'existe pas, car nous estimons le fonds en
bloc, selon sa valeur au jour de l'éviction, et si l'éviction *pro indiviso* est d'un quart, nous donnons à
l'acheteur évincé un quart de cette valeur estimative.

Cette distinction est d'autant plus invraisemblable
que le législateur était sommé par deux tribunaux,
d'appel d'appliquer l'article 1630, (Fenet t. 3 p. 200).
Le législateur ainsi mis en demeure a néanmoins
laissé subsister la formule générale de l'art. 1637.
Qu'est-ce à dire ? sinon qu'il repoussait toute distinction

Au reste, ce que nous venons de dire, ne fait nullement obstacle à de plus amples prestations de la part du vendeur. Celui-ci, pourrait, en effet, être condamné comme en cas d'éviction totale à payer à l'acheteur, une indemnité, à raison des dommages *extrinsèques*, occasionnés dans ses affaires et son commerce par l'éviction. Il devrait également, lui restituer une partie proportionnelle des débours occasionnés par la vente, et prendre à sa charge l'intégralité des frais de la demande originaire, et de la demande en garantie. Sous ce rapport, il y a lieu d'appliquer les dispositions des articles 1630 à 1635.

La clause de non garantie, en cas d'éviction partielle, produit un effet remarquable. Il faut pour cela supposer que l'article 1636 n'est pas applicable, ou que l'acheteur n'en demande pas l'application, aimant mieux l'éviction partielle que la résiliation. Tout à l'heure nous avons dit que dans l'éviction totale, l'action comprenait deux chefs : restitution du prix et dommages-intérêts. La clause de non garantie supprimait le second, les dommages-intérêts, mais laissait subsister le premier, la restitution du prix. Dans l'éviction partielle, nous ne trouvons qu'un seul chef : les dommages-intérêts. La clause de non garantie supprimant ce chef unique, les dommages-intérêts, il arrive que le vendeur ne doit rien à l'acheteur, pour cette éviction partielle. Ceci fait ressortir l'un des intérêts de la distinction de l'éviction totale, et de l'éviction partielle.

Il est quelquefois difficile de distinguer s'il y a éviction totale ou partielle, prenons un exemple dans Pothier lui-même. J'ai acheté une jument, elle périt après m'avoir donné un poulain, qui est revendiqué par un tiers. Dumoulin et Pothier, prétendent que je ne subis qu'une éviction partielle. Des auteurs considérables, soutiennent avec raison que c'est un cas d'éviction totale, parceque le vendeur, n'étant pas propriétaire de la jument, a vendu la chose d'autrui et qu'il ne peut conserver le prix qu'il détiendrait sans cause.

Enfin, supposons pour finir, que l'objet de la vente consiste, en un droit essentiellement temporaire, comme un usufruit, une rente viagère, un bail, et que l'éviction n'a lieu qu'après un certain temps, depuis la conclusion du contrat. De bons esprits, soutiennent que l'acheteur, ayant absorbé une certaine partie de la chose, l'éviction n'est plus qu'une éviction partielle. Nous croyons au contraire, que c'est encore là, un cas d'éviction totale. En effet, si l'acquéreur a joui pendant un certain temps, c'est parceque le vrai titulaire du droit n'a pas agi contre lui, non parceque le vendeur lui a transmi ce droit; donc, il doit pouvoir répéter la somme qu'il n'avait payée que pour acquérir ce qu'il n'a pas acquis. L'éviction est totale, dès qu'elle embrasse en droit tout ce que le vendeur a transféré.

CHAPITRE 6.

De la garantie des charges réelles.

En droit romain le vendeur avait une position fort avantageux : il n'était tenu des servitudes qu'autant qu'il avait vendu le fonds *uti optimus maximus.*

Dans notre ancien droit français, le vendeur était assujetti à des obligations beaucoup plus rigoureuses. On considérait l'obligation de garantir l'acheteur contre les charges, comme une suite de l'obligation que contractait le vendeur, *præstare ei habere licere.* On ne faisait exception que pour les charges qui avaient été déclarées à l'acheteur, ou qu'il ne pouvait ignorer.

Cet ancien droit a passé tout entier dans le Code où la matière est réglementée par les articles 1626 et 1638. L'article 1626 impose, en effet, au vendeur, l'obligation de garantir l'acquérenr « de l'éviction qu'il souffre dans la totalité ou partie de l'objet vendu, *ou des charges prétendues sur cet objet, et non déclarées lors de la vente.* »

Trois conditions sont exigées pour que l'existence d'une servitude, permette d'intenter l'action en garantie.

1° Il ne faut pas que la servitude soit *apparente*, se révèle par des signes extérieurs (1638). C'est un point admis de tous temps par la jurisprudence, que les servitudes apparentes n'obligent pas le vendeur à garantie. (Cass, 8 novembre 1854.)

2° Il faut que la servitude n'ait pas été déclarée. (Cass, 2 février 1852.)

3° Enfin, il faut que l'acheteur n'ait pas eu connaissance de l'existence de la servitude. La connaissance de l'acheteur équivaut à la déclaration et à l'apparence. (Cass, 20 juin 1843.)

Cette dernière condition nous oblige d'étudier l'article 1638 de plus près, et à nous demander s'il ne serait pas abrogé virtuellement par la loi du 23 mars 1855. L'article 2 de la loi de 55, ordonne la transcription de tout acte constitutif d'antichrèse, de servitude, d'usage, d'habitation. Or, a-t-on dit, ou bien la servitude constituée, avant la vente, n'a pas été transcrite, et alors elle n'est pas opposable à l'acheteur du fonds qui a transcrit son titre; ou bien la servitude a été transcrite, et elle est bien opposable à l'acheteur du fonds, mais elle ne peut donner lieu à un recours, car, l'acheteur, par la transcription de l'acte constitutif, a dû connaître, lors de son acquisition, l'existence de la servitude qui grevait le fonds. — Nous croyons, au contraire, que l'article 1638 conserve son plein et entier effet, malgré l'article 2 de la loi de 55. Et, d'abord, on peut avoir constitué sur un fonds, avant la vente, des servitudes non sujettes à transcription, par exemple, des servitudes concédées par legs. Mais, allons plus loin, et disons que l'article 1638 s'applique, alors même qu'il y a eu transcription de l'acte constitutif de la servitude avant la vente du fonds servant. En effet, nous ne trouvons dans la loi, aucune disposition qui établisse que l'acheteur est présumé avoir connu une servitude, par cela seul qu'elle a été transcrite. L'opinion opposée crée une présomption de la loi, ce qui est contraire à 1350. De plus, elle méconnaît complètement la disposition de l'article 1322. — Nous admettons, cependant, que la transcription sera le fondement d'une présomption de l'homme, et le vendeur pourra s'en prévaloir, afin de prouver que l'acheteur connaissait l'existence de la servitude.

Cette garantie, comme celle qui naît de l'éviction, peut être modifiée par la convention des parties, qui ont la faculté, soit d'en augmenter l'étendue, soit, au contraire, d'en restreindre la portée ; ainsi, le vendeur peut promettre la garantie des servitudes apparentes, ou bien à l'inverse, stipuler la non-garantie des servitudes occultes. En pratique, ces clauses de non-garantie soulèvent de nombreux procès. Deux arrêts, l'un de la Cour de Dijon, l'autre de la Cour de Paris, ne donnent pas d'effet à la clause générale de non-garantie, lorsque le vendeur a été de mauvaise foi. (Dijon, 24 août 1843 : Paris, 2 août 1853). Cette doctrine semble devoir triompher en jurisprudence, et s'affirme depuis longtemps. (Colmar, 26 décembre 1821). — Ajoutons que la clause de non-garantie ne décharge pas le vendeur de la responsabilité de son fait personnel. (Paris, 26 février 1863.)

Demandons-nous, maintenant, quel est le réglement de l'indemnité, dans le cas d'éviction, par la révélation d'une servitude passive sur le fonds vendu. Il faut distinguer si la servitude est « de telle importance qu'il y ait lieu de présumer que l'acquéreur n'aurait pas acheté s'il en avait été instruit » (Art. 1638); ou si, au contraire, il est à croire qu'il eût accepté, même quand il en aurait eu connaissance. Dans le premier cas, « il peut demander la résiliation du contrat, si mieux, il n'aime se contenter d'une indemnité. » Dans le second, il ne peut demander qu'une indemnité. Mais quelle est la valeur de cette indemnité ? Sur cette question les avis sont partagés. Suivant M. Troplong, le recours de l'acheteur se divise en deux chefs, comme en cas d'éviction totale; le premier, n'est autre que l'action *quanti minoris,* pour se faire rendre une partie du prix déboursé; le second, est une action en dom-

mages-intérêts. Seulement, M. Troplong n'accorde
ce deuxième chef, que contre le vendeur de mauvaise foi. Cette théorie s'appuie notamment sur notre
ancien droit; mais nous repoussons cette autorité,
par cette raison que les règles du Code sur l'éviction
partielle, sont entièrement opposées à celles que
l'ancienne jurisprudence avait consacrées. Or, il ne
peut être douteux pour personne que la réclamation
d'une servitude, constitue une éviction partielle. Et
de plus, qu'était-ce que l'action accordée autrefois à
l'acheteur dans notre hypothèse, si ce n'est l'action
en garantie des vices rédhibitoires, comme Pothier
nous l'enseigne lui-même. Et, puisque notre Code a
pris le soin de distinguer dans deux paragraphes
les vices rédhibitoires et l'éviction d'une charge, il
ne faut pas aller chercher dans le paragraphe consacré à l'action pour ces vices, les règles qui doivent
s'appliquer à l'action pour éviction. Nous préférons
adopter l'opinion de M. Duvergier, et dire qu'il n'y
a qu'un seul chef de recours, la réparation du préjudice causé, et que l'action se résout en une iudem-
nité proportionnelle au dommage causé à l'acheteur.
(Bordeaux, 11 août 1859). Qu'est-ce, en effet, que
cette réclamation de la servitude, sinon une éviction
partielle, analogue à l'éviction partielle, résultant
de la privation matérielle d'une portion de la chose
vendue. Aussi, est-ce avec raison que la Cour de
Paris a jugé le 17 prairial an XII, que la garantie au
cas d'éviction partielle, causée par la réclamation

d'une servitude passive, est réglée quant à l'indemnité, par l'art. 1637.

Le Code ne parle pas du cas où l'acheteur se trouve privé de l'usufruit de la chose ; mais il me semble que nous devons, sans difficulté, l'assimiler à une éviction partielle. Son recours se bornera à des dommages-intérêts, basés sur l'estimation de la valeur de l'usufruit à l'époque de l'éviction, que le vendeur sera condamné à lui rembourser.

Les termes de l'art. 1638 ne comprennent pas expressément le cas où le vendeur aurait garanti l'existence de servitudes actives ; mais il y a identité de motifs, pour décider qu'il serait tenu d'indemniser l'acheteur, si l'exercice de ses droits venait à lui être contesté. La fausseté de la déclaration faite par le vendeur, de l'existence d'une servitude active, doit produire les mêmes effets que la découverte d'une servitude passive.

APPENDICE.

Nous avons étudié les principes généraux de la garantie et nous avons fait connaître ses applications les plus importantes, tant sous l'empire des idées romaines que sous l'empire de nos lois actuelles et de notre ancienne jurisprudence. Il nous reste maintenant à exposer brièvement les principales modifications qu'elle subit, lorsqu'elle s'applique aux droits incorporels. Nous nous attacherons à ce qui concerne :

1° La vente de créances ;

2° La vente d'une hérédité.

Par. 1.

De la garantie dans la vente des créances.

Le transport, qui n'est qu'une variété du contrat de vente, donne lieu à la garantie, aussi bien, que la vente des choses corporelles. Cette obligation, pèse sur le vendeur, en vertu des principes généraux, indépendamment de toutes clauses spéciales ; mais elle peut aussi être modifiée, par les conventions privées. Il y a donc deux sortes de garantie : la garantie de droit, et la garantie de fait : nous allons les étudier successivement.

Garantie de Droit.

Dans une créance, comme dans tout autre droit contre un tiers, il y a deux choses bien distinctes :

1° Le droit lui-même ;

2° L'avantage que ce droit est destiné à procurer. Or, lorsqu'il s'agit d'une créance, celui qui la vend, est bien tenu d'en garantir l'existence au temps du transport, mais il n'est point tenu d'en garantir le remboursement : il ne répond point de la solvabilité du débiteur cédé : « Præstat veritatem n... bonitatem nominis. » (Articles 1693 et 1694). Outre l'existence de la créance, le vendeur, doit garantir que la créance lui appartient. Le cédant, peut donc être tenu de la garantie, dans ces trois cas :

1° Si, lors du transport, la créance n'existait pas, soit qu'elle n'eût jamais existé , soit qu'elle fût éteinte par compensation, ou autrement;

2° Si cette créance , vient à être rescindée ou annulée;

3° Si elle appartient à autrui. — On dit, quelquefois que la non garantie de la solvabilité actuelle du débiteur, est une exception aux principes généraux de la garantie, et que l'insolvabilité, peut et doit être considérée comme un vice caché de la chose vendue, et par conséquent, retomber sur le vendeur. Cela s'explique très-bien, ajoute-t-on, à raison de la défaveur qu'inspire au législateur, les acheteurs de créance. Nous répondons , que cette défaveur, n'existe pas et ne peut équitablement exister. Il n'y a pas davantage dérogation, aux principes généraux. La solvabilité ou l'insolvabilité du cédé, est une qualité ou un défaut dont l'acheteur, peut parfaitement se rendre compte : elle peut être comparée à la fertilité, ou à la stérilité d'un fonds.

Cette garantie, qui s'étend à l'existence du droit lui-même, s'étend nécessairement aussi à l'existence des accessoires indiqués comme en faisant partie, tels que les priviléges, hypothèques et cautionnement : toutefois, si le cédant, répond de leur existence, et de leur application aux droits cédés, il ne répond pas de leur efficacité, pour atteindre la réalisation de la somme indiquée : si, par exemple, la caution est insolvable, si l'hypothèque, ne produit rien, le cédant ne peut, à raison de ce fait, être soumis à aucun recours, à moins que la sûreté indiquée n'ait une moindre étendue que celle primitivement affirmée. Ainsi, lorsque le vendeur, a annoncé que l'hypothèque portait sur tels immeubles déterminés; si cette hypothèque, ne portait en réalité que sur partie de ces immeubles, il répondrait de cet amoindrissement des sûretés promises.

Précisons les effets de la garantie de droit : Si la créance cédée n'existait pas au temps de la cession, ou si, ce qui produit le même résultat, elle n'existait pas au profit du cédant, le cessionnaire aura droit à une indemnité proportionnelle au préjudice à lui causé. Il ne faut point, en effet, que le transport devienne pour lui une cause de perte. En conséquence, il pourra réclamer le prix, les frais et loyaux coûts du contrat, les dépens de l'instance poursuivie contre le débiteur cédé, et ceux de la demande en garantie. Mais, faut-il appliquer aussi l'article 1633, et décider qu'il a droit à la bonification, résultant de la différence entre la valeur nominale de la créance et le prix de la cession. On est très-divisé sur cette question. Les uns, soutiennent que le cessionnaire évincé ne peut réclamer que le montant de la valeur nominale de la créance, parce qu'on ne lui a pas garanti la solvabité du débiteur. Et, d'ailleurs, disent-ils, l'article 1694, prévoyant le cas où le cédant a garanti expressément cette solvabilité, déclare qu'il n'est cependant responsable que jusqu'à concurrence du prix de la cession : or, on ne peut accorder une portée plus grande à la garantie de droit, qu'à cette promesse formelle : le cessionnaire doit donc être maintenu parfaitement indemne ; mais, le cédant ne lui doit aucune garantie pour le gain sur lequel il a pu compter, et qu'il n'a pas fait. Nous croyons qu'il faut appliquer ici l'article 1630, et écarter l'opinion que nous venons d'exposer. La raison de décider, suivant nous, c'est que les hypothèses des articles 1693 et 1694, sont toutes différentes: Dans la garantie de fait (1694), le cessionnaire à qui l'on garantit la solvabilité, a diminué ses chances de perte ; la loi a eu raison de supprimer les chances de gain. Mais, dans la garantie de droit (1633), le contrat reste aléatoire, l'acheteur court les risques de la solvabilité, il est juste qu'il ait en même temps les chances de bénéfice qu'il eût réalisé si la créance eût vraiment existé. Disons donc que le cessionnaire évincé aura droit au prix et à des dommages-intérêts.

Tels sont les principes qui régissent la garantie de droit. Mais nous savons que les parties peuvent la modifier par des stipulations particulières : on entre alors dans le domaine de la garantie de fait.

Garantie de fait.

Les parties peuvent modifier, en matière de cession comme en matière de vente, l'obligation de garantie, de trois manières :

1° En restreignant sa portée ;

2° En l'écartant entièrement ;

3° En lui donnant au contraire, un effet plus étendu que celui qu'elle produit d'après la loi.

Lorsqu'une créance est vendue comme litigieuse, et qu'il est dit dans l'acte, ou que le cédant vend sans garantie, où que le cessionnaire achète à ses risques et périls, (Cass. 7 juillet 1851), le transport revêt un caractère aléatoire, et le cédant est dispensé de toute espèce de garantie, même quant à l'existence du droit, objet de la cession, à la condition toutefois, que le cessionnaire ait bien connu le caractère de la créance. Il faut que le transport apparaisse comme ayant porté sur un droit douteux et pour ainsi dire, problématique. En dehors de ces circonstances de fait, la clause de non-garantie toute seule ne suffirait pas (art. 1693) pour affranchir le cédant de la garantie de droit ; elle pourrait, seulement, dans certains cas, le mettre à l'abri des dommages et intérêts. Les tribunaux auraient à apprécier, en fait, si la clause de non-garantie n'était qu'une simple clause de style, ou si, au contraire, elle était l'expression évidente d'une volonté éclairée et réfléchie. (Cass. 20 janvier 1830). Voilà pour les clauses qui peuvent restreindre ou même anéantir complètement la garantie. Les contractants peuvent à l'inverse, l'étendre.

Ces extensions de la garantie peuvent avoir lieu dans trois cas bien distincts :

1° Le cédant peut garantir la solvabilité *présente* du débiteur ;

2° Il peut garantir sa solvabilité *future* ;

3° Il peut s'engager à payer lui-même pour le débiteur, après un simple commandement fait à ce dernier.

1° Le cédant garantit la solvabilité *présente* du débiteur ; ainsi limitée la garantie ne s'entend que de la solvabilité actuelle, et non de la solvabilité future du cédé : c'est une application pure et simple des principes généraux; en effet, c'est là une question de risques, et il est de principe qu'à partir de la vente, les risques passent sur la tête de l'acheteur. La seconde limitation consiste en ce que le vendeur « n'est tenu que jusqu'à concurrence du prix qu'il a retiré de la créance. » Il ne faut voir dans cette disposition qu'une interprétation de volonté, et non pas, comme l'ont prétendu certains interprètes, une disposition peu favorable à l'encontre des cessionnaires de créance. Allons même plus loin et disons que dans l'état actuel de la législation, cette solution était commandée par la rigueur des principes. En effet, si quelqu'un vendait moyennant 10,000 francs une créance qui a une valeur nominale de 20,000 fr. en la garantissant jusqu'à concurrence de 15,000 fr. et en la stipulant payable dans six mois, il ferait une opération usuraire, un escompte à 50 °/° pour 6 mois. Notre article 1694 est donc une interprétation de la volonté des parties et une application des lois sur l'usure.

2° Le cédant a garanti la solvabilité *future* du cédé. — Cette promesse doit également avoir tous ses effets, (1695). C'est d'après les clauses de l'acte que l'on décidera si les parties ont eu l'intention d'étendre à ce point la responsabilité légale. Or la clause de *Fournir et faire valoir*, à cet effet extensif, tout le monde le reconnaît aujourd'hui, malgré les doutes élevés sur ce point dans l'ancien droit. En vertu de cette clause, le cédant s'engage à procurer au cessionnaire le montant de sa créance, s'il ne peut l'obtenir lui-même du débiteur; mais son obligation est simplement subsidiaire, et il est en droit d'opposer l'exception de discussion, afin que le cessionnaire avant de le poursuivre, fasse constater l'insolvabilité du débiteur cédé. C'était l'opinion suivie dans l'ancien droit par Loyseau et Pothier.

3° Lorsque, au contraire, le cédant s'est engagé à payer pour le débiteur, *après un simple commandement* fait à ce dernier, et resté sans effet, il devient l'obligé personnel du cessionnaire, et, comme tel, il est tenu au paiement de l'intégrité de la créance, sans pouvoir exiger aucune discussion préalable. Il faut, au reste, remarquer que toutes les clauses extensives de la garantie, n'ont pas d'autre effet que d'obliger le cédant à indemniser le cessionnaire, soit jusqu'à concurrence du prix de la cession, soit jusqu'à concurrence de l'intégralité de la créance, sans que celui-ci puisse jamais exiger aucuns dommages et intérêts. (Art. 1694). C'était la jurisprudence du Châtelet de Paris.

Le cessionnaire perd tout droit à la garantie de la solvabilité actuelle ou future du débiteur, lorsqu'en négligeant les mesures conservatoires, il a laissé périr, soit le droit lui-même, soit les sûretés qui y étaient attachées; car, par la cession, il est devenu le mandataire du cédant, à l'effet d'accomplir fidèlement tout ce qui peut tendre à la conservation de la créance. Il faut qu'on ne puisse en aucune façon lui imputer l'insolvabilité du débiteur, si elle vient à se produire par la suite : Si donc, il a laissé, par exemple, prescrire les hypothèques en négligeant de renouveler les inscriptions, il sera déchu du droit d'exercer son recours contre le cédant.

Cette esquisse rapide a pu faire saisir les particularités qui s'attachent à la responsabilité du vendeur dans les ventes de créances. Pour compléter les notions sur ce point, il suffit de recourir aux règles générales que l'on doit appliquer, en tant que la nature des choses le comporte, à la garantie en matière de cession.

Par. 2e.

De la garantie dans la vente d'hérédité.

Celui qui est appelé à une succession, ou qui s'y croit appelé, peut transporter à un tiers les droits plus ou moins fondés qu'il prétend avoir sur cette hérédité. Il peut aussi lui céder, en affirmant la réalité de ses droits, l'hérédité à laquelle il se croit appelé. Cette seconde espèce de cession est connue sous le nom de cession de droits successifs. Ces deux sortes de cessions, tout en ayant, en général, les mêmes effets, diffèrent cependant essentiellement au point de vue de la responsabilité du vendeur. En effet, lorsque la cession n'a pour objet que des prétentions plus ou moins incertaines, elle ne donne pas lieu à l'exercice de la garantie contre le cédant, dans le cas où les prétentions sont déclarées mal fondées, à moins que celui-ci n'ait parfaitement su, au moment où il consentait la cession, que l'hérédité n'existait pas, ou au moins qu'il n'avait personnellement aucun droit à y prétendre ; car, le fait de vendre, même comme incertain, un droit dont on connaît l'inanité absolue, constitue un véritable dol. — La garantie est, au contraire, admise dans certaines limites, en ce qui concerne *la cession de droits successifs.*

Quoiqu'il en soit de ces distinctions, la vente d'une hérédité n'est pas la vente des objets qui la composent, c'est simplement la vente d'un droit. Le vendeur transporte sur la tête de l'acquéreur toutes les prérogatives et toutes les charges qui peuvent avoir leur origine dans sa qualité d'héritier ; d'où il suit, que la vente sera plus ou moins avantageuse, suivant que l'actif excédera plus ou moins le passif.

Une première condition pour qu'un transport de droits successifs soit possible, c'est qu'il y ait une succession ouverte au profit du cédant ; autrement le transport serait nul faute d'objet. De là, la disposition de l'art. 1696 d'après laquelle « celui qui vend une hérédité, sans en spécifier en détail les objets, est cependant tenu de garantir sa qualité d'héritier. » Cette obligation emporte les trois idées suivantes :

1° Qu'une succession est ouverte ;

2° Qu'elle est bien ouverte au profit du cédant ;

3° Enfin que celui-ci est apte à la recueillir, qu'il n'est ni renonçant ni indigne.

Cette garantie de droit dans les ventes d'hérédité peut être modifiée par la convention des parties, et alors on tombe dans les règles essentiellement variables de la garantie de fait.

Le vendeur, peut d'abord *étendre* son obligation, en déclarant, par exemple, que la succession se compose de tels et tels biens spécialement désignés; il n'est plus alors seulement garant de l'existence et de la validité de son titre héréditaire, mais encore, il répond de l'éviction des objets particuliers qu'il a indiqués. S'il a dit, en général, que la succession montait à tel chiffre, cette déclaration emporte pour lui, l'obligation de garantir l'importance qu'il a attribuée à cette succession. — A l'inverse, la garantie *cesserait* entièrement *d'être due*, même pour la qualité d'héritier, si le cédant avait vendu son droit comme incertain : le contrat serait ainsi devenu un contrat purement aléatoire, ne portant plus sur l'hérédité elle-même, mais bien plutôt sur les prétentions plus ou moins vagues du cédant, à cette hérédité. Il semble inutile, de rappeler que cette déclaration ne serait, au reste, valable, qu'autant qu'elle aurait été faite de bonne foi. Si, au contraire, le vendeur, avait connu, à l'époque du contrat, l'inanité de ses prétentions, il se serait rendu coupable de dol en les cédant, et sa responsabilité resterait entière vis-à-vis de l'acheteur.

Quant aux effets de la garantie dans les ventes d'hérédité, ils se déterminent suivant les règles générales de la matière : si l'hérédité vendue n'existe pas, ou si le vendeur n'y a pas droit, quoiqu'elle existe en réalité, la vente est nulle et dès lors, le prix du transport doit être restitué à l'acheteur. — Celui-ci a droit, en outre, aux frais et loyaux coûts du contrat, aux dépens de l'instance dirigée par le demandeur originaire, dans le cas où un procès de ce genre aurait eu lieu, et, en tout cas, aux frais de la demande en garantie. — Si l'éviction n'était que partielle, c'est-à-dire si le vendeur était bien héritier, mais seulement pour une quotité moindre que celle désignée dans le contrat, le cessionnaire pourrait, par application des art. 1636 et 1637, faire résilier ou faire maintenir la vente, sauf, dans ce dernier cas, à se faire indemniser du préjudice à à lui causé par l'éviction partielle. C'est là encore une preuve nouvelle de l'application pratique des principes généraux, dans tous les cas où la nature même de l'objet vendu ou cédé, n'exige pas la création de règles particulières.

DROIT ROMAIN.

l. La garantie n'est due pour les servitudes prédiales qui grèvent le fonds vendu que si le vendeur a présenté le fonds comme libre, à moins d'un dol de sa part.

II. La condamnation, dans l'action *ex empto*, a un objet unique, la réparation du dommage causé par l'éviction.

III. Celui qui achète sciemment la chose d'autrui, n'a en cas d'éviction, aucun recours contre le vendeur, pas même pour demander le prix de vente, s'il n'y a eu convention contraire.

IV. Le pacte général de non garantie, enlève à l'acheteur le droit de répéter le prix, aussi bien que celui d'exiger des dommages et intérêts.

V. La loi Julia n'a pas donné à la femme de droit de propriété sur les immeubles dotaux.

VI. La défense faite au mari d'hypothéquer le

fonds dotal même avec le consentement de la femme, parait résulter non pas de la loi Julia, mais d'une interprétation extensive du sénatusconsulte Vellécien.

VII. Il faut distinguer les obligations corréales et les simples obligations *in solidum*.

DROIT FRANÇAIS.

—

DROIT CIVIL.

I. L'action et l'exception de garantie sont divisibles.

II. L'adjudicataire évincé a un recours en garantie contre le saisi, la *condictio indebiti* contre les créanciers qui ont touché le prix de la vente, une action en dommages-intérêts fondée sur l'art. 1382, contre le saisissant quand il est en faute.

III. Le sous-acquéreur à titre onéreux peut agir directement contre le premier vendeur, et lui demander ce qu'il aurait le droit d'exiger du second vendeur.

IV. L'article 1637 s'applique également à l'éviction d'une part divise et à celle d'une part indivise.

V. Le vendeur est tenu de l'éviction produite par la surenchère du dixième légalement exercée, après la vente, en vertu de l'article 2185, par un créancier inscrit sur l'immeuble.

VI. L'article 1633 ne doit pas être limité par l'article 1150.

VII. Le donataire évincé peut invoquer le recours, d'un bien acheté par son auteur en garantie.

VIII. Les héritiers du donateur ne peuvent opposer le défaut de transcription de la donation.

IX. La revendication dont il est parlé sous l'article 2102, 4°, n'est autre chose que la revendication du droit de retention.

X. Les ventes faites par l'héritier apparent ne sont pas valables.

XI. Il faut combler les lacunes du régime exclusif de communauté par les règles du régime de communauté et non par celles du régime dotal.

PROCÉDURE CIVILE.

Le préliminaire de la conciliation n'est point d'ordre public.

DROIT COMMERCIAL.

I. Un créancier chirographaire a le droit de continuer une poursuite en expropriation, s'il l'a commencée avant le jugement déclaratif de faillite.

II. Lorsqu'un droit de créance a été donné en gage pour sûreté d'une dette déjà existante, il suffit, pour échapper à l'application de l'article 446, que l'acte constitutif ait date certaine avant les 10 jours qui ont précédé la cessation des jugements.

DROIT CRIMINEL.

I. L'ancien fonctionnaire public peut invoquer, pour les outrages et violences dont il est l'objet à raison de ses fonctions expirées, la protection dont la loi couvre le fonctionnaire en exercice.

II. — Le crime d'enlèvement de mineure existe alors même que la mineure, n'a été soustraite qu'à une autorité de fait, sans caractère légal (354 p.)

HISTOIRE DU DROIT.

I. — Les établissements de Saint-Louis, ne forment pas un Code de lois émané de ce prince.

II. — A l'époque franque, ce n'était pas la totalité des hommes libres de la localité, qui sous le nom de Rachinbourgs, jugeaient dans le *Mallum*.

DROIT COUTUMIER.

I. — Sous l'empire de la coutume de Paris, la femme n'avait pas pendant le mariage, de droit actuel sur les biens de la communauté.

II. — Ce principe que le contrat de mariage doit précéder l'union matrimoniale, est d'origine germanique.

Vu par le Président de la Thèse,

C. BUFNOIR.

Vu par l'Inspecteur Général délégué,

CH. GIRAUD.

Vu et permis d'imprimer, le Vice-Recteur

A. MOURIER.